中小企業のための

2坪からでもできる

「商談型ショールーム」で爆発的に営業力を上げる法

細井透

HOSOI TORU

JN110949

エベレスト出版

まえがき

本書は「資金力のない中小企業が、小さなショールームを作って、今よりも売上・利益を大きく伸ばす方法」について書いた専門の書籍です。

もっと言えば、見込み客開拓から契約までの導線を作り、システマチックに、そしてムダなお金を使わずに効率よく売上・利益を向上させるための戦略について解説した、ショールームを持つ経営者のための専門書です。

今「ショールームを持つ経営者」と申し上げましたが、むしろ現在ショールームを持っておらず、これから作ろうとしている方、また経営者の方ばかりではなく、営業責任者の方にも大いに参考になる書籍であると自負しています。

ショールームというと、大企業の広くて立派な「ハコ（建物）」「モノ（製品）」を思い浮かべるかもしれませんが、中小企業にとってはむしろ、そのようなショールームは必要ありません。

小さくても、独自性、専門性のあるショールームを作って儲けている会社はたくさんあります。

要するに、企業規模や業態に合わせて、自社に最適なショールームを作ることが肝心だということです。

それなのに、これまでのおかしな常識にとらわれて「ショールームはこう在るべきだ」などと、大企業のまねをするから失敗するのです。

これからショールームを作ろうとしている方、ショールームで儲けたいと思っている方は、本書をよく読んでいただきたく思います。

なぜなら、本書の内容は通常のショールームに対する常識とはまるで異なっており、この本に書かれていることを実践できれば、ビジネスで大成功することも夢ではないからです。

そして、これまでに失敗のショールームを作ってしまった方にも、取り返すチャンスは残っています。

詳しくは本文に書いていますが、数多くのモデルハウス（ショールーム）を持て余していたある会社は、それを思い切ってグッと少なくしてしまったのです。これが功を奏し、経営が好転した例があります。

本書は、少ないお金で売上・利益を上げていく戦略について、独自の理論と実例を交えて詳しく書いた本です。

またショールームとは言うものの、その形態の一つである展示会のやり方や、モデルハウスを使ったイベントのやり方についても触れています。

大切なことは、ショールームにお金をかけなくても、集客も契約もできるということです。ここを、多くの経営者の方が間違えるのです。

たとえ2坪の小さなショールームであっても、使い方を間違えなければ立派にその役目を果たしてくれます。

この本を手に取っていただいている読者の方は、中小企業の経営者の方だと思います。

そのような会社の多くは、ショールームを作ろうにも資金力に問題があります。

そんな経営者の方々のために、少ないお金で効果的なショールームを作って儲ける方法をご指南できないかと考え、本書を書き上げました。
本書を通じてショールームを運営する経営者の方々の、売上・利益の向上に役立つのであればこれに勝る幸せはありません。

2023年11月吉日

株式会社バファローコンサルティング　細井透

目次

第3章

第4章 小が大に打ち勝つための具体策

バーチャルで無限大にショールームを広げる

第1章

ショールームは広ければいいというものではない

1、ショールームは広くて立派な方がいいという幻想

ショールームは広くなくても成立する

本書は「小さな空きスペースを活用して製品PRをしたい」「空き店舗を借りて儲かるショールームを作りたい」「少ないお金で効果的なショールームを作って売り上げをあげたい」と願う経営者のために、小さなショールームでも儲けられる方法を解き明かした専門の書籍です。

これまでショールームは「広くて立派な方がいい」「展示品は多い方がいい」「人通りが多くて目立つ立地の方がいい」などと考えられていましたが、実はそうではありません。もちろんその方がいい場合もありますが、事務所や倉庫の小さな空きスペースを活用したり、裏通りに面した小さな空き店舗を活用したりすることで、ショールームとして立派に成立させることができます。

本書は、資金が有り余っているごく一部の大企業のためのものではありません。資金力にとぼしい普通の中小企業が、お金をかけずにショールームを作って、これまで以上に儲けるための本です。

その意味では、これまでにはなかった内容の本であると自負しています。

本書の特長は、そのようなショールームにどのようにして集客し、どのように契約までもっていくのかを、事例を交えてわかりやすく解説している点です。

事例では、製造業、卸売業、建設業、リフォーム業、水道工事業をあげていますが、その事例を参考に、自社はどうすれば良いのかを考えていただくことをお勧めします。

注意すべき点は、事例会社のまねをしてもうまくいかないということです。事例はその会社の事例であって、あなたの会社にそのまま当てはまることはないからです。

しかし、本質的な考え方はどの業種・業界の企業経営者の方でも参考になりますし、特にこれからショールームを作ろうとしている方には、ぜひ読んでいただきたい内容になっています。

私は「ショールーム営業コンサルタント」として活動しており、これまでに数多くの経営者の方とお会いしてきました。そして、これまでに100社以上の企業にコンサルティングを実施してきました。

その経営者の方が異口同音にお話しされるのが「ショールームを作りたいが資金が不足している」「小さなショールームでは見込み客は来てくれない」「展示品は多種多様な方がいいけど、展示スペースが足りない」ということです。

要するに「広くて立派なショールームを作りたいが、資金もスペースも不足している」ということです。したがって、ショールームを作りたくても作れずにチャンスを逃している経営者の方が多いわけです。

このような経営者の方々に「ショールームとは何か？」を問いかけながら、皆さんと小さいながらも儲かるショールームの作り方を考えていきたいと思います。

また、お金がかからないショールームと言えば「無人ショールーム」や「バーチャルショールーム」が思い浮かぶでしょう。特にバーチャルショールームは、無限大の広がりがあります。この点についても最後に少し言及したいと思います。

まずは「ショールームは、広くて立派でなければならない」という幻想を抱いている方々に、目を覚まして現実的になっていただきましょう。日本で唯一のショールーム営業コンサルタントが、これまでの常識を覆します。

ショールームは2坪あれば十分

ある時、当社のクライアント企業とその同業他社で、このような会話になったことがありました。

同業他社　「このところ、お宅はずいぶん景気がいいようだね」

クライアント　「いい取引先でも見つけたの？」

「いやいや、ショールームを作ったんですよ」

「それがまあまあ好調なんでね」

同業他社　「へ～、知らなかった。さぞかし立派なショールームなんだろうね？」

クライアント　「いやいや、恥ずかしい話、たった四畳半くらいのショールームですよ」

同業他社　「え！　何それ？　本当なの？」

「ちょっと信じられないなあ～」

「でも、どうやってお客さん呼ぶの？」

クライアント　「う～ん、それはちょっと秘訣がありまして…」

話はここまでで、さすがに秘訣までは話さず、口を濁してしまったそうです。

それはそうですよね。自社が苦労して手に入れたノウハウですので、同業他社に易々と教えるわけがありません。

しかし、どうやら同業他社はショールームが小さいのに驚いたようで、怪訝な顔つきをするばかりだったそうです。

ところで、みなさんはショールームというと、どんなイメージをお持ちになりますか？水回りのショールームですか、それとも車のショールームですか？ほかにも、家具やインテリアを展示するショールームをイメージするのではないでしょうか。

これらは大企業のメーカーが、広くて立派なショールームを作って来館者を集めているため、このようなイメージが定着したものです。

しかし、我々中小企業には、このように広くて立派なショールームは必要ありません。そもそも、そのようなショールームを作る資金力もありません。特別に広いとか、立派である必要はないのです。

ショールームは、お客様に自社製品やサービスを見てもらい体感してもらう場所ではありますが、それよりもっと重要なのは、商談をする場所だということです。大きいとか小さいとか、豪華とか簡素とか、屋内とか屋外とかは関係ありません。商談ができれば、そこはショールームです。

したがって、ビジネスにショールームは必須であるとしても、企業規模や資金力に合わせたショールームがあればいいということになります。極端な話ですが、2坪さえあればショールームは成立します。

事実、2坪に満たないようなスペースのショールームを活用して儲けている、ある水道工事店の例をご紹介しましょう。それが先ほどの当社のクライアント、N社です。

N社は、下水道を専門に工事を請け負っている会社です。下水道と言っても本管ではなく、家庭から出る汚水・雑排水管を下水本管に接続する工事です。これにより下水道が使用できるようになります。

この工事を請け負うときに多くの施主は、ついでだからと言ってトイレを新しく改装します。トイレが古かったり非水洗だったりすると、誰でもきれいで快適なトイレにしたいですよね。

新しく改装するのに、施主はどんなトイレがいいのかよく分かりません。様々なメーカーや種類、グレードがあるため、どれにすべきか迷ってしまいます。

そこでN社にアドバイスをもらいながら決めるのですが、結局は、N社が勧めたトイレを購入することになります。

ここは非常に重要な部分です。N社が勧めたトイレを購入するということは、他社と比較していないということです。もちろん、契約前に相見積もりをとり、価格交渉になることはありますが、N社に有利な条件であることに間違いありません。

N社は小さな会社ですので資金力はありません。したがって、裏通りに面した事務所の一部を改装しただけの小さなショールームです。

そこにはトイレが2台展示してあります。2台しか展示できないのです。しかし、N社社長が厳選して自信を持ってお勧めするトイレですので、施主は納得してそのどちらかを購入します。

このようにして、N社は下水道工事を起点に見込み客をショールームに誘引し、契約をとっていたのです。

ショールームは特別に立派でもなく、2坪かそれに満たないような小さなスペースですが、十分にその役割を果たしていると言えます。

このように、自社の資金力やビジネスの内容により、ショールームの規模や形態を決めることが重要です。

何でもかんでも広くて立派で、展示品をたくさん並べなければいけないという幻想は捨てるべきです。

ショールームは優秀な集客装置

さて、先ほども申し上げましたが、私はこれまでに100社以上の企業経営者の方々とお会いし、ショールームについて考え方をお聞きしてきました。その限りなく100%に近い方々が、ショールームは広くて立派な方がいいと思っています。

「ショールームを増築したし、駐車場も広くした」
「ショールームは垢抜けしているし、開放的で広々としている」

このように目を輝かせながら話す方。このような方はご注意ください。ショールームに大金をつぎ込んで失敗する方です。

「うちのショールームは狭いので、展示品も少ないんですよ」
「ショールームが路地裏にあって、目立たないのがねぇ～…」

このように、残念そうに話す方。このような方は、ショールームは広くて目立つ方がいいと幻想を抱いている方です。

「ライバル会社が豪華なショールームを作ったそうだ。うちも負けてはおれん」

このように対抗心むき出しで話をする方。このような方は、自社に最適なショールームは何かを考えていない方です。

このような方々のために、まず初めに知っておいていただきたいことがあります。

それは、

「ショールームだけあっても儲からない」

「違う人を集客しても、売り上げにも利益にもならない」

ということです（「違う人」については、このあとご説明します）。

「ちょっと待て！　この本は、小さなショールームでも儲けられる方法を解き明かした専門書だろ。おかしいじゃないか！」。

そう思った読者の方、ご説明しましょう。

ショールームは、優秀な集客装置であることは間違いありません。しかし、装置というものは人間が使いこなしてこそ力を発揮するものです。

したがって、どのように使いこなせばいいのかを考えるべきです。

ショールームを使いこなすためには、見込み客開拓から契約までの導線を設計することが不可欠です。その導線の中心に位置するのがショールームであり、重要な役割を果たしているといえます。だからこそ、ビジネスを回していくうえでは、どうしても必要な装置なのです。

先ほどから申し上げている通り、資金力にとぼしい中小企業にとって、広くて立派なショールームを作ることは困難です。

しかし、ご安心ください。先ほどの水道工事店のように、たった2坪のショールームでも、使い方によっては十分にその機能を発揮させることができます。

要は、使い方次第ということです。

これは「なぜショールームを活用できないのか」という答えにも通じますので、ショールームで儲けたいと願う方は、この本をじっくり読んでいただくことをお勧めします。

この本の中では、これまでとは全く違った考え方、やり方を皆さんにお伝えしていきます。自社との違いを見つけながら読んでいただければ、必ず答えが見つかります。

それではこれから、その答えを皆さんと探っていきましょう。

ショールームだけあっても儲からない

まず初めに知っておいていただきたいことの一つ目は「ショールームだけあっても儲からない」ということです。

もっと言えば、立派でも簡素でも、広くても狭くても、展示品が多くても少なくても、ショールームだけでは集客もできないし、ましてや売り上げにも利益にもならないということです。

ショールームは優秀な集客装置ではありますが、それだけでは機能を発揮できません。これはショールームの大きさとか立派さとかは関係ないのです。

冷静になって考えてみれば、こんなことは当たり前なのですが、いざショールームを作ろうとすると舞い上がってしまいます。特に広くて立派なショールームを作った方は、そのようになりがちです。

「いよいよ念願のショールームが完成する」

「ショールームが完成したらオープンセレモニーをやって、○○さんも呼んで…」

「そうそう、オープン記念セールをやらねば」

「記念品の用意はいいかな？」

「当日に、お客様は何人くらい来てくれるだろう？」

子供が遠足に行く前夜のような気分で、ショールームの完成を心待ちにしています。それはそうです。大金をはたいて夢のショールームを作ったのですから。

しかし、ここには儲けるための導線も、しくみも戦略もありません。あるのはただ一つ、ショールームに対するあこがれと妄想だけです。

そもそも論として「ハコ（建物）」が売上を上げるわけでも、利益を生むわけでもありません。ハコは単なる装置でしかありません。その装置を使って、いかに儲けるかを考えなければなりません。

それを放棄して、ショールームが勝手に見込み客を引き寄せてくれるなどという、都合のよい考え方を持つこと自体が間違っています。

念のために申し上げておきますが、当然のことながら、これは中小企業だからというわけではありません。大企業でも同じことが言えます。

大企業であろうと中小企業であろうと、ショールームだけあっても一円たりとも儲かりません。断言できます。

したがって、経営者であるあなたは商談型ショールーム営業法の具体策を策定しなければなりません。

その具体策を第2章でご紹介しますが、自社だけで策定しようとすると、とてつもなく多くの時間と資金が必要になります。

そのようなときにコンサルタントを活用する意義があるのですが、それはさておき、あこがれと妄想を抱く経営者の方は、本当にそのような広くて立派なショールームが必要なのか、よく考えなければなりません。

先ほど「大企業であろうと、ショールームが見込み客を引き寄せることはない」と申し上げました。その実例を一つご紹介しましょう。

その会社のショールームは大都会の真ん中に立地しています。地下鉄の駅の目と鼻の先にあります。乗降客も多く、人通りはかなり多いです。

ショールーム自体はそれほど広いわけではありませんが、さすが大企業製造業のショールームです。非常にあか抜けています。

ロボットが作業をする実演を見られるし、製作部品はどのような製品に組み込まれているのか、説明書きや実際に組み立てられた完成品も展示されていて「なるほど！」と思わせてくれるショールームです。

ところがショールームには、いつ行ってもほとんど人がいません。

なぜ？

受付がぶっきら棒で「勝手に見てください」的な雰囲気がありありと感じられます。製品の特長やメリットを説明してくれるものと期待していくと、見事に裏切られます。そして、何か「早く帰ってほしい」というような無言の圧力を感じます。

なんでしょうね、この雰囲気。

ショールーム営業コンサルタントを職業としている身には、そのような圧力には屈しませんが、一般の見学者の方にとっては入りにくいうえに、居づらいショールームになっています。

この会社は大企業ですし、B2Bビジネスの会社ですので、一般来館者にはあまり丁寧ではないのかもしれません。

もしこの会社が、売り上げを上げる手段として考えていないのであれば、ショールームは必要ないでしょう。

そうではなくて、一般来館者にも自社製品を知ってもらい、認知度を上げたいというならば、このショールームの雰囲気は逆効果になります。

いずれにしても、ショールームだけあっても売り上げにも利益にもなりません。特に中小企業経営者の方は肝に銘じてください。

ショールームで売上・利益を最大化するための一丁目一番地だからです。

違う人を集客しても、売り上げにも利益にもならない

まず初めに知っておいていただきたいことの二つ目は「違う人を集客しても、売り上げにも利益にもならない」ということです。

「違う人」がいるならば「違わない人」もいるはずです。違う人とはどういう人か、違わない人とはどういう人か、ご説明しましょう。

まず「違わない人」とは「本物の見込み客」ということです。

本物の見込み客とは「購買権のある人」、もしくは「購入の意思のある人」のことを言います。

購買権のある人、もしくは購入の意思のある人ですから、このような人をイベントや展示会に集客できれば、契約率や購入率は上がるに決まっています。

そして本物の見込み客は、自社に必要なもの、自分が欲しいものに興味があるのであって、例えばショールームイベントや展示会によくある、飲み・食い、景品、アトラクションに興味があるわけではありません。

興味がないのですから、買い物が終わればサッサと会場を後にします。何しろ忙しい人たちですし、買ったものをいち早く試してみたいのですから、いつまでもぐずぐず会場に

はいません。

ということは、飲み・食い、景品に無駄なお金を使わなくても何ら問題にもならないということです。

「あそこの会社はケチだな」などと、陰口をたたかれることもありません。

したがって、無駄なコストをかけずに売り上げを上げるわけですので、利益は上がるに決まっています。


次に「違う人」についてご説明しましょう。

違う人とは「購買権のない人」、もしくは「購入の意思のない人」のことを言います。

また「見込み客を装っている人」と言ってもいいでしょう。

要するに「単なる顧客」、もしくは「取引先」です。

イベントや展示会を開催するときに「見込み客を集客せよ」などとハッパをかけます。

しかし、見込み客と言っても単なる取引先の社員で、購買の権限を持っていない人もいます。また一見買いそうな雰囲気があっても、実は冷やかしだったりします。このような人たちは、見込み客とは言いながら本物ではありません。

見込み客と言っているのは、実は、本物の見込み客であってほしいという願望が宿っていて「本物かどうかわからないけど、とにかく集客したぞ」という逃げ道を作りたいだけです。

イベントや展示会を開催する場合、当然ながら集客目標なるものが課せられます。

○○君、集客人数△△名、集客組数××組
□□君、集客人数××名、集客組数△△組
最低でも人数、組数のどちらか必達！

とにかく集客することが重要ですから、本物であろうとなかろうと、本質的な目的は考えずに目標達成に意欲を示します。そうしないと上司から怒られるからです。

そして上司は見込み客集客の後押しのために、飲み・食い、景品、アトラクションを用意します。それでないと集客できないからです。

しかし、それで契約や販売ができればいいですが、何しろ違う人ですのでそうはなりません。

そのような人はモノやサービスを購買・購入に来たのではなく、飲み・食い、景品、アトラクションを楽しみに来ているからです。

お金をかけて集客し、それで販売できなければ、コストばかり掛かって儲かるわけがありません。

それでも儲かっていないことが分かればまだいいほうで、集客できたことに喜んでいる経営者の方もいます。

「それで何が悪い？」と言われてしまえばそれまでですが「儲けるために会社を経営しているのですから、もう少し儲かる方法を考えたらどうですか？」と言いたいところです。

「いや、そのうち効果がじわじわと効いてきて、結果は出るようになる」などと、訳の分からないことを言う経営者の方もいます。

もうこうなると、やっているほうは、ばかばかしくなって思考停止になります。そうでなければ、やっちゃいられないからです。

いかがですか、皆さん。皆さんの会社はこんなことをしていませんか?

実は、コンサルティングでうかがう会社のほとんどは、大なり小なりこのようなスタイルでイベントや展示会を開催しています。

「先生、うちの会社は集客できているのですが、なかなか儲からないのです」

「コストのかけすぎだということは分かってはいます」

「飲食・景品を用意しないと集客できないし、どうしたらいいでしょう?」

皆さん異口同音に、このようにお話になります。

当社は、同様なケースをいくつも経験し解決に導いてきていますので「また同じだな」くらいに思っていますが、お客様からすればどうすればいいか分からずに、かなり悩んでいます。

したがって「大丈夫ですよ。ご安心ください」「これから一緒に解決に向けて頑張りましょう」などと励ますと、安どの表情を浮かべて本当に安心されます。

当社のコンサルティングは、むずかしい技術や特別な能力を必要としていません。必要なのは、諦めないということだけです。

諦めなければ誰にでも取り組めるコンサルティングです。ただし「内容は濃いですからそのつもりで」という風に申し上げています。

話が脱線してしまいましたが、いずれにしても「違う人を集めても売り上げにも利益にもならない」ということがお分かりいただけたものと思います。

しかし、このようなことは皆さん、うすうす気が付いているはずです。それを言い出せないのは、現状を変えて失敗したらどうしようという恐怖心があるからです。

「業界の常識は世間の非常識」です。もうそろそろ非常識から脱してください。

2、2坪でもできる商談型ショールーム営業法の極意

ショールームの魔力

コンサルティングやセミナーでお会いする経営者の方に、必ずこう質問します。

「あなたは、なぜショールームを作ったのですか？」

あるいは、

「あなたは、なぜショールームを作ろうとしているのですか？」

この質問に、本当の意味で正確に答えられる方は何人いるでしょうか。

たいていは「お客様に自社製品を見てもらうため」とか「体験してもらって、製品の良さを感じてもらうため」とか「会社の知名度を上げたり、製品の認知度を上げたりするため」といった答えが返ってきます。

それはそれで結構なのですが「それだけですか？」と聞き返したくなります。

仮に、本当にそれだけと言うならば、あなたに経営者の資格はありません。

以前、ある会社の社長に同様の質問をしたことがあります。すると、その社長はこう言いました。

「以前から、一度ショールームを作ってみたかったんだよね」

こうなると、もう趣味の世界に浸ろうとしているように聞こえます。社長はそれでいいでしょうが、社員は迷惑千万です。

趣味で作ったショールームに集客せよと言われても、社員は困るでしょう。ただ作っただけで、そこには集客のしくみも戦略もありません。これで集客せよと言う方が間違っています。

他にも、水回りのショールームにネックレスやブローチ、指輪などのアクセサリーを展示即売している場面を目にしたことがあります。

まだあります。建材のショールームに、紳士服を販売する小売店が出展していたことがあります。

これらはすべて社長の趣味です。

このようにして、あこがれと妄想が入り混じって「もったいないショールーム」と化していくのです。

ご説明したように、ショールームを作る方の多くは、あこがれと妄想をお持ちです。

あこがれは、一種の自分のお店を持つといったイメージです。そしてそのお店に、お客様が詰めかけるはずだというのが妄想です。

あこがれを持ってはいけないと言っているわけではありません。あこがれがあってこそショールームも作れるというものです。しかし、ここにショールームの魔力が潜んでいます。

「広くて立派なお店を作って、お客様をお迎えしたい」。こんな心理が働いています。そうすると必然的に、必要以上のお金をかけることになります。

ショールームを作る目的は、直線的に言えば商談して契約をとるためです。それ以外の目的はありません。

ショールームをうまく活用すれば商談が進み、契約をとりやすくなります。もちろん掘っ立て小屋ではいけませんが、商談をするために過剰な広さや設備はいらないでしょう。

重要なことは、商談して契約をとることです。そのためのショールームであることを忘れてはいけません。

ショールームは2坪でも成立させられると申し上げました。この真意は、ショールームが自社に最適な形態と内容であれば、大きさとか内外観とかは関係ないということです。

一定の確率で集客と契約ができているか

商談型ショールーム営業法とは、様々な形態のショールームを導線設計の中心に置き、商談の場所として位置付けた営業方法です。

「様々な形態の…」と申し上げましたが、ここにはショールームの広さも立派さもありません。あるのは自社に最適な在り方と形態だけです。

商談型ショールーム営業法の特長は、コストをかけずに売上・利益を確実に上げていくということです。コストをかけずに売り上げをあげられれば、利益は上がるに決まっています。

商談型ショールーム営業法で集客するメリットは、大勢の顧客の中から一定の確率で集客と契約ができるということです。もちろん、その確率は分かりません。やってみないと分からないということです。しかし、一定の確率で集客や契約ができるということは、計算が成り立つということです。

業種・業界によってその確率は違うでしょうし、営業方法によっても違うでしょう。

例えば、ダイレクトメールの反応率は約0．3％だと言われています。千通出して三つ反応があるという、いわゆるセンミツです。

また新聞折り込みチラシの反応率は、0．01％から0．3％だと言われています。反応率に幅があるのは、製品やサービスの単価によって変わるからです。

ここで重要なのは、**確率の高い低いではなく、計算ができる**ということです。もちろん確率が低いよりは高いほうがいいですが、計算が成り立てば、その確率を高めるための営業方法を検証していけばいいわけです。ここに商談型ショールーム営業法の極意があります。

「一定の確率で…」ということは「目標の契約数 ÷ 確率 ＝ 営業量」という式が成り立ちます。そしてこのことは、商談型ショールーム営業法を行う上で非常に重要な意味を持ちます。

ショールームで儲けることができていない方々は、やみくもに、また力任せに営業活動をしていて、どれくらいの営業をすれば、どれくらいの契約ができるか計算ができていません。確率で計算できなければ、すなわち契約率が読めなければ、社員にハッパを掛け、ノルマを課して無理に働かせることになります。

売上・利益は狙って上げられる

売上・利益は狙って上げられます。これは商談型ショールーム営業法が一定の確率で集客、契約できるからです。

この件については先ほどもご説明しましたが、重要な点ですので、もう少し詳しくご説明します。

集客率、契約率はイベントのテーマや展示品の価格によって違います。また、やってみなければ分かりません。しかし何度かやっていくうちに、その確率は少しずつ掴めるようになっていきます。

例を出してご説明しましょう。

あなたの会社は食品の卸売り会社です。主に食品の小売店に卸売りしています。

いま仮に、あなたは1千社の顧客と取引をしているとします。その顧客に新製品をPR販売したいと考え、初めての展示会を自主開催することにしました。新製品は仕入れ先メーカーが開発した、ある冷凍食品です。

1千社の中には大口もあれば小口もあります。ほとんど取引のない会社もあります。取引はなくても新製品のPR販売ですから、全ての顧客に展示会開催をPRします。ということは、分母は１０００です。

あなたの会社の営業社員は、１０００社の顧客全てに展示会をＰＲしました。手ごたえがあった顧客もあれば、全くない顧客もあります。

これは取引が大きいから手ごたえがあるとか、取引が小さいから手ごたえがない、ということではありません。

それよりも展示会に出品する冷凍食品に興味があるかないかです。要するに、展示会のテーマに興味を示すか示さないかということです。

さて、展示会当日は10社の顧客が来場しました。

「え！　たった10社？」と言うなかれ。この展示会は本物の見込み客だけを集客する展示会です。初めての展示会で10社集めれば上出来です。ということは、集客率は１０００分の10で１％です。

そして、このうち5社が契約してくれました。ということは、契約率は顧客数に対して０．５％であり、集客数に対しては50％だということです。

これで売り上げがどのように上がるかは、契約単価とも関係がありますので分かりません。しかし少なくとも集客率１％、契約率が０．５％と50％であることが分かりました。

売上＝客数×客単価です。客単価はここでのテーマではありませんので扱いません。

そうすると、売り上げを上げるためには客数を伸ばすことが重要になります。

ここでの客数とは、集客数×契約率です。要するに、展示会に来場してくれて契約してくれた顧客の数です。

したがって、売り上げを伸ばすためには、集客数を上げるか契約率を上げるか、またはそのどちらも、です。もし集客率と契約率がほぼ一定ならば、顧客数（取引先）を増やせばいい事になります。


このように、確率で売上が読めるということは、狙って売上・利益を上げることができるということになります。

これは管理会計の概念とは異なります。あくまでも営業レベルでの概念です。

企業のすべての利益の源泉は売上です。売上総利益、営業利益、経常利益、税引き前利益、純利益。これらの利益はすべて、売上から費用を引いたものです。いかに売り上げが大切かお分かりになるでしょう。

また会社に起きる様々な問題の90％は、売り上げを上げることで解決します。

当社は3期連続赤字の会社にかかわった経験がありますが、その会社の社内がどのような雰囲気だったか、思い返すだけでも気持ちが沈みます。

その後、その赤字会社は何とか持ち直しましたが、今でも大変な苦労をしたことが思い出されます。

売り上げは利益の源泉だけでなく、人の心も明るくしてくれます。狙って売り上げを上げられるということは、会社の雰囲気までコントロールできるということです。

一定の確率で集客や契約ができ、狙って売上・利益を上げられるようになれば、効率のいい経営ができます。社員にノルマを課したり、ハッパを掛けたりせずとも済みます。社長はガミガミ言わずとも済みます。営業や業務だけでなく、全てにおいて経営がシステマチックになるということです。

そうなれば社長は経営に専念できます。社長が経営するから会社は発展するのです。

あなたは経営に専念したくないですか？

第2章

導線設計と、小さくても儲かるショールームの作り方

1、導線を設計してシステマチックに儲ける

商談型ショールーム営業法の導線設計

商談型ショールーム営業法の特長は、コストをかけずに売上・利益を確実に上げていくことです。これについては、すでにご説明しました。

もう少し詳しくご説明すると「コストをかけずに」というのは、増員をせず、今いる人員で、今あるショールームを使って、確率論で効率的かつ合理的に売り上げを上げることを言います。

今現在ショールームを所有していなければ、最小限のコストでショールームを作って…ということになります。

そもそも、増員をしたりショールームを新しくしたりするという発想は、資金に余裕のある大企業の論理であり、中小企業にそのような資金力はありませんし、そのような論理は通用しません。中小企業には人もお金もないのです。

したがって、ショールームにお金をかけるわけにはいきません。大企業が作るような広くて立派なショールームは作れないのです。

しかし、ショールームが優秀な集客装置であることには間違いありませんので、ショー

ルームを持つことが絶対的であると当社は考えています。そして、それを活かすためには「導線づくり」が重要になってきます。

それでは、どのような導線を設計すればいいのでしょう。簡単にご説明しますと、こういうことです。


ショールームを商談の場として導線の中心に据えて、見込み客開拓から契約までの商流を作る

文章で書けば、わずか一行か二行で済んでしまいますが、当社が長年かけてコンテンツを作り上げ体系化したものです。

したがって、紙面だけでご理解いただくにはかなり難しいのですが、次ページに設計の流れを図にしてみましたのでご覧ください。

■商談型ショールーム営業法の導線設計

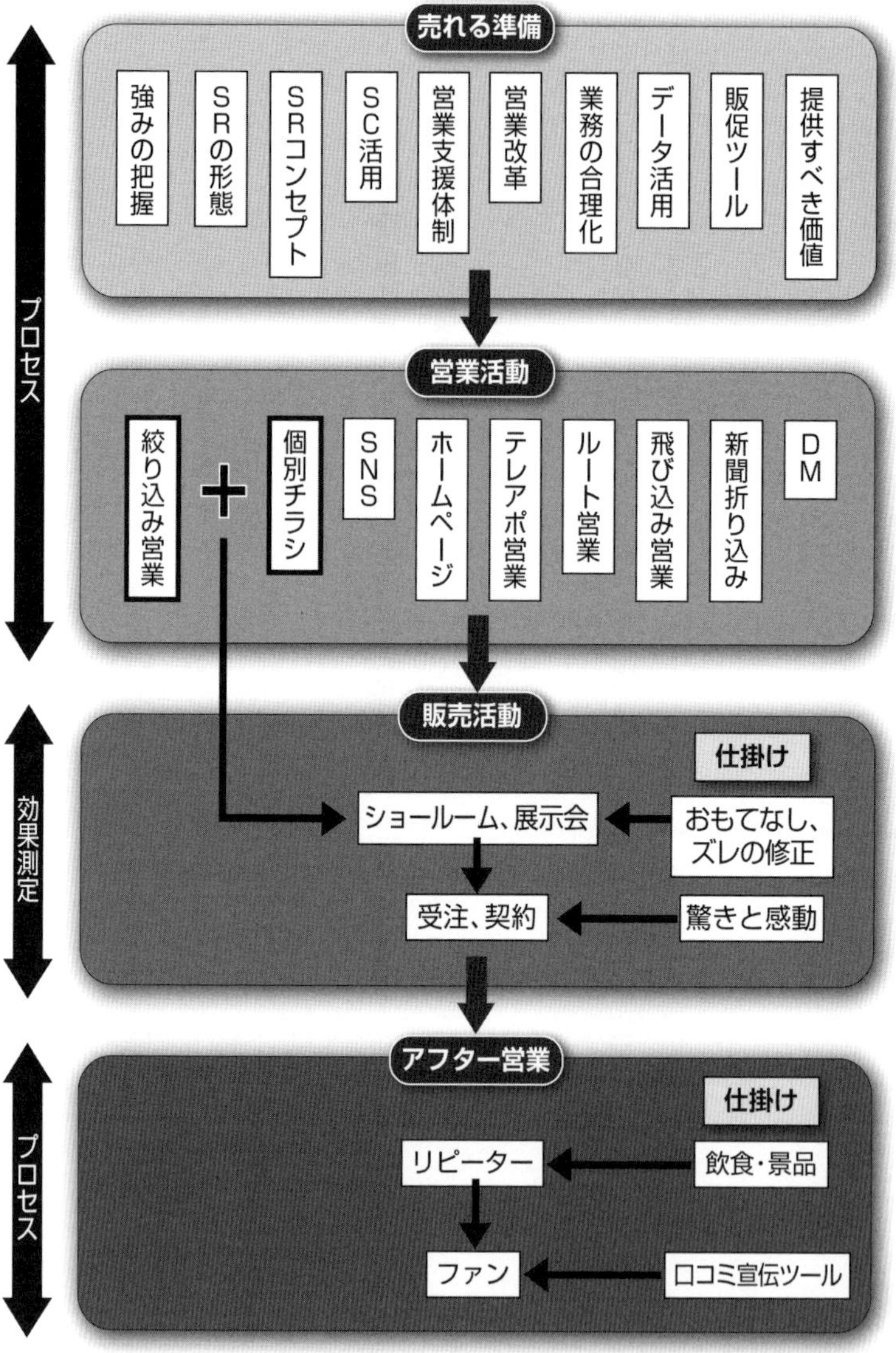

いかがでしょうか。難しい専門用語は使っていません。誰にでもわかるように平易な言葉で表現しています。

この図を見て「なんだ、簡単じゃない」とか「要は、マーケティングだよね」と思った方はいませんか？

簡単なことでも実行できていれば苦労しなくてもいいですし、マーケティング理論を使って売り上げや利益をあげられていれば何の問題もありません。

しかし、頭で分かっていても実際にできるとは限りません。頭で分かっていても、実際に実行できなければ分かっていないのと同じです。マーケティング理論でビジネスはできないのです。

当社のコンサルティングは経営者に向けた内容ですが、一方で、営業責任者やショールームアドバイザーの方たちに理解していただく内容も含まれます。

例えば、接客は「笑顔で挨拶、丁寧な対応」を心がけていただきます。しかし、このようなことは至極当たり前のことで、できていないほうがおかしいのです。

経営者の皆さんは常々、異口同音で、このようなことを部下に指示しているでしょう。しかし、できないのです。

できていないから当社にコンサルティングを依頼してくるのです。社員ができない理由は、あなた自身ができていないからです。

出来ないあなたが社員にいくら言っても「笛吹けど踊らず」です。そんなあなたがガミガミ言えば逆効果です。


さて、導線設計では先ず、売れる準備を行います。

売れる準備とは、営業活動に入る前の準備です。強みの把握を行い、それをもとにキラーコンテンツを作ります。そしてショールームコンセプトを作ったり、営業支援体制を整えたり、提供すべき価値を考えたりします。

ほかにも社員の皆さんの意識改革をしなければなりませんし、サプライチェーンをどのように活用するのかも考えなければなりません。

このように、営業活動に入る前の準備を入念に行います。

売れる準備がある程度できたと判断すれば、次は営業活動です。営業活動は業種・業界によってさまざまなやり方があるでしょう。

例えば、飛び込み営業やテレアポ営業、ダイレクトメール、SNSを活用した広告、新聞折り込みチラシなどです。

それら今やっている営業活動が悪いというわけではないのですが、当社では「絞り込み営業」をお勧めしています。これに「個別チラシ」をセットにして見込み客を開拓します。

絞り込み営業と個別チラシについては、前著「商流をつくって半自動的に儲かり続ける業種×業態別ショールーム営業戦略」に詳しく書いていますので、そちらを参考にしていただきたいのですが、まだ読んでいない方のために少しだけご説明します。


絞り込み営業は商談型ショールーム営業法を実践するうえで、実際に見込み客を開拓するための営業方法です。多くの顧客の中から、イベントや展示会のテーマに合った見込み客を調査感覚で絞り込んでいくやり方です。

この営業方法のメリットは、普段の営業の一環としてできることです。特別なプロジェクトを立ち上げなくてもいいですし、また調査感覚で出来ますので、営業に不慣れな新入社員や現場上がりの職人さんでも簡単に行うことができます。増員とか配置転換とかしなくても済みます。

「顧客」を訪問し、イベントや展示会のテーマについて、または展示品について興味があるのかないのかを調べていきます。これを繰り返し行い、イベントや展示会に来てくれそうな顧客を「見込み客」として絞り込んでいくのです。

顧客から見込み客へと変化していく中で、個別チラシを使って集客すると、より効果的です。

絞り込み営業を行う中で、見込み客の願望や困りごとが情報として収集できるようになります。その情報を使って、その見込み客専用に「ピクリ！」とするフレーズでチラシを作るのです。

見込み客がピクリとすれば、その見込み客は「本物の見込み客」としてイベントに来館します。本物の見込み客が来館すれば、契約率は格段に向上します。なぜならば、契約するために来館しているからです。

今、ご説明した、顧客が本物の見込み客に変化していく過程を表すとこうなります。

顧客（絞り込み営業で絞り込む）
↓
見込み客（個別チラシを使って本物化）
↓
本物の見込み客（契約のために来館）

非常に簡潔に表していますが、実際にはかなり複雑に曲折します。

また商談型ショールーム営業法の導線設計では、このあと「リピーター」↓「ファン」↓「コアファン」へと変化させていきます。

自社にとってショールームの最適化は儲けるための第一歩

営業活動の中で販売や契約ができればいいのですが、できない場合もあります。また、より確実に契約するためには、ショールームで体感してもらうのが絶対です。

そこで見込み客を、個別チラシを使って本物化し、ショールームへ誘引します。本物の見込み客となってショールームに来館すれば、かなりの確率で契約します。

例えば、前著でご紹介した水道工事店のＦ社は、ほぼ１００％の確率で契約します。悪くても50％、良ければ70％という確率で契約する会社がほとんどです。

これは言い替えれば、契約する意思のある人しか来館していないということです。冷やかしや景品目当ての人は、一切いないということです。

このことについては非常に重要な意味を含んでいます。

これまでのやり方は、力任せに飲み・食い、景品、アトラクションで人を集めるため、膨大なコストと労力がかかっていました。

加えて、日常的な売り上げをイベント用に用意したり、そもそも集客が目的になったりしていて、契約はというと全く取れていませんでした。

しかし、商談型ショールーム営業法では、コストをほとんどかけずに一定の確率で契約できますので、儲からないわけがないということです。

さて、小さくても儲かる独自のショールームは、どのように作ればいいのでしょう？


「展示レイアウトを工夫して、来館者に見てもらいやすくする」

「照明にこだわって、展示品を魅力的に見せる」

「サンプルを使って、展示品の内部構造を理解してもらう」

「実験をしてもらい製品の認知度を高める」

「ショールームアドバイザーを教育して接客能力を高める」


どれも間違っていません。どれも重要なことです。しかし、これらは二次的な戦術です。

それではどうすれば良いかということになりますね。

まずは儲かるショールームの「在り方」と「形態」を決めることが重要です。在り方とは、端的に言えば「所有する」のか「所有しない」のかを決めることです。

例えば、製造業であれば自社製品を作って販売しているのですから、ショールームは所有していた方がいいわけです。

一方、例えば商社などは、他社の製品を仕入れて販売していますので、ショールームは所有する必要がありません。

もちろん、例外があるのは承知しています。

商社であってもメーカーの販売を完全に代理している場合は、所有していなければビジネスになりません。この場合は、メーカーは製造業であっても所有していなくてもいいということになります。

ここで、勘違いしないでいただきたいことがあります。それはショールームの在り方について、ショールーム自体を「所有しない持ち方」もあるということです。具体的に言えば、借りることで「借用型のショールームを持つ」ということになります。

また必要に応じて展示会を開催するという持ち方もあります。展示会はショールームの形態の一つです。

ショールームを所有しない持ち方をすれば、ショールームに投資をする必要はなくなります。すなわちお金がかからないということです。中小企業には、うってつけの持ち方と言えます。


次に、ショールームの形態を決めます。

形態というのは、例えば「ミュージアム型」「工場のショールーム化」「体験型」「実験型」「展示会型」「借用型」「催事型」などです。

この形態については何も決まりがあるわけではなく、自社で自由に「〇〇型」と決めればいいのです。その辺は自由です。

やってはいけないことは、従来のイメージで「ハコ（建物）」「モノ（製品）」のショールームを作ってしまうことです。ショールームで失敗する99％の経営者の方は、戦略的に考えずに固定概念で作ってしまいます。

だから失敗するわけで、大切な投資資金を失わないためにも、このように自社に最適な在り方と形態を考えたうえで作ってほしいということです。

次のページに図を載せていますので、考え方の参考にしてください。

ここには、ショールームが大きいとか小さいとかは関係ありません。立派であるとか立派でないとかも関係ありません。あるのは、自社に最適なショールームは何かということだけです。

なお自社に最適なショールームづくりの過程に関しては、前著で詳しくご説明していますので、本書では簡潔に完成形のみを載せています。

■業種 × 業態別ショールームの形態

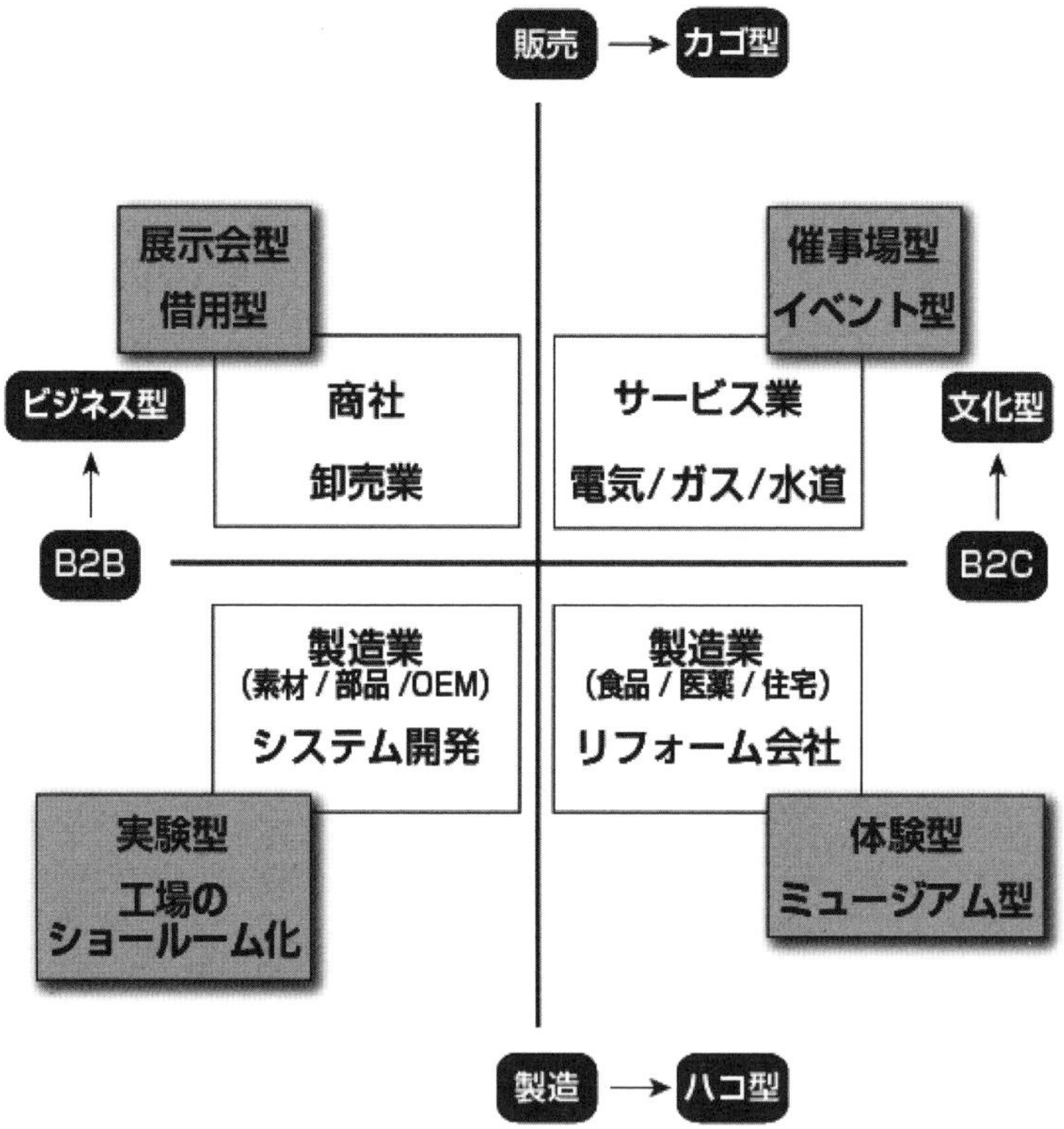

商談型ショールーム営業法における取引形態

ここで少し、Ｂ２ＢビジネスとＢ２Ｃビジネスの分け方についてお話しておきます。自社に最適なショールームづくりにとって、欠かせない概念だからです。

現在ではＢ２ＢやＢ２Ｃだけでなく、様々な取引形態があるのは承知していますが、細かく分類しても意味がありません。

したがって当社では、商談型ショールーム営業法をご説明する際には、この二つの取引形態をモデルとしています。

Ｂ２Ｂビジネスは会社対会社の取引です。業種でいえば製造業や卸売業などです。

Ｂ２Ｃビジネスは会社対個人消費者の取引です。業種でいえば小売業やサービス業などです。

この取引形態を分けるときに少し注意が必要です。

例えば、製造業の中でも自動車メーカーや食品メーカー、家電メーカーなどは、会社対会社の取引であっても見ている先は消費者です。

一般的には、製造業は卸売会社や小売り会社を通して市場に製品を流通させます。しかし、今、例に挙げたメーカーは消費者の影響を受けやすい製品を製造していますので、取引は直接していなくても消費者の動向を注意深く観察しなければなりません。

例えば、定番的な製品があったとしても、消費者の好みは短期間に変化していきます。したがって、それに合わせて製品開発をしなければ、市場に受け入れられずに陳腐化してしまいます。

もちろん例外はあります。自動車メーカーであっても商用車やトラックを作っているメーカーは、個人消費者ではなく会社を見ています。食品メーカーにしても、OEM生産しているメーカーや業務用食品を製造しているメーカーは取引先を見ています。

そのような例外はあるものの、ごく一般的にB2BとB2Cを分けた場合、先ほどのような分け方になります。

B2Bビジネスの取引要件、すなわち持っているべき強みは何でしょう？ 技術力、納期、サービス品質です。

B2Cビジネスの場合、取引要件として、ブランド力、知名度、消費者心理を読むことに強みを持っていなければなりません。

この取引要件については、自社に最適なショールームの形態を決める場合に必ず必要となる要素です。ショールームの大きさとか、内外観とは無関係です。

自社に最適なショールームは、自社の企業規模、業種・業態・業界、B2B・B2Cなどを勘案して決定します。

先ほどもご説明しましたが、ショールームはその大小や立派さを競うものではありません。ショールームコンセプト、テーマ、独自性、専門性など、その内容が問われます。

また商談型ショールーム営業法の導線設計の中心に位置するものの、ショールームだけで集客も契約もできるものではありません。そこには用意周到な準備とプロセスが存在しなければなりません。そのような意味では、ショールームの姿かたちや大きさに、特別にこだわらなくてもいいということです。

事務所や倉庫に、遊んでいる小さな空きスペースがある。長らく空いていた店舗を格安で借りられる。使い道のなかった狭い土地がある。このような方は、お金をかけないでショールームを作ってください。大切なのは、その使い方にあります。

2、中小企業が小さなショールームで儲けるための仕掛け

儲けるためにはショールームに仕掛けが必要

ショールームだけでは売り上げにも利益にもならないということは、冷静になれば誰でも分かることです。それが分からないから、あこがれとか妄想と申し上げているのです。ショールームを作ってしばらく経つと、それだけでは集客できないことが分かってきますので、何とかしようと試みます。それが飲み食い・景品、アトラクション頼みのイベント、安値のチラシということです。

これまでに何度もご説明してきましたが、これらによって違う人をショールームに呼んでも意味はありません。本物の見込み客を集客すべきです。

本物の見込み客を集客できれば契約率は上がりますが、より確実に、そしてグンとアップさせるためには仕掛けが必要です。その仕掛けについてご説明します。

どのような仕掛けをしかければいいでしょう。

それは、本物の見込み客をショールームに誘引し、「おもてなし」と「ズレの修正」を行い、そして「驚きと感動」を共有することです。

契約率を高めるためには三種の神器ならぬ、これら「三種の仕掛け」が必要だというこ

とです。

この仕掛けがなければ、いかに自社に最適なショールームであっても、いかに製品が機能的であろうとも、いかに製品を魅力的に見せようとも、お客様にとってはごく「普通」のショールームです。したがって、これらだけではお客様の購買・購入の動機にはなりません。

お客様は直接的には、あなたの会社の製品やサービスにお金を払いますが、真には三種の仕掛け、特に「おもてなし」と「驚きと感動」にお金を払うのです。

ここを勘違いして無駄なところにお金をかければ、儲かるものも儲からなくなってしまいます。

もちろんショールームが明るくきれいだとか、製品がいいとか、ショールームをミュージアム型や実験型にするとかは重要なことです。そういったものがなくても構わないと言っているわけではありません。

しかし、それらは前提条件ですし、商談型ショールーム営業法の基本です。

現在は、いいモノを作っても売れない時代です。ショールームが大きく広くても、明るくきれいでも、製品がよくても、展示方法に工夫があっても、決定的に購買・購入する動機にはなりません。

そんな時代に、お客様が求めているものは何か、考えたことはありますか？作り手の理屈と、使い手の視点の違いを考えたことがありますか？

この課題に取り組むときに、先ほどの三種の仕掛けが必要になってきます。そしてそれは、あなたの会社の特長であり、他社と差別化するための要素でもあります。

ここで一つ「いいモノを作っても売れない」の例を出してみましょう。

それは関西地方にある、コーヒー豆を販売する小さなお店です。この店は、歴史は浅いもののオーナーのこだわりと焙煎技術で、おいしくてリーズナブルなコーヒー豆を提供しています。

コーヒーの生豆を購入し、独自の技術で焙煎します。それをリーズナブルな価格で販売しています。

立地は、地方都市の郊外で表通りに面した、民家やアパートが建ち並ぶ住宅地にあります。したがって、それほど立地条件が悪いというわけではありません。むしろ良いと言ったほうがいいかもしれません。

そのコーヒー豆屋さんですが、おいしいコーヒー豆を提供しているだけあって固定客がいます。

丁寧に焙煎し、不良な豆は取り除いていますので、大手チェーン店の安いコーヒー豆と比べると歴然と品質の良さが際立ちます。それを知っている顧客は、当然、固定客となります。

しかし…、です。

コーヒー豆が売れません。固定客には売れます。売れますが、それ以上に売れません。

なぜか？

実は、この店のオーナーは、技術はいいのですが職人気質でおもてなしがないのです。

その気質を知っていて、それでなおこの店のコーヒー豆がいいという人しか顧客になっていないということです。

小さなショールームもあって、そこでコーヒーをおいしく淹れる方法を教え、それに使う器具なども展示即売しています。いわゆるコーヒー教室です。

最初のうちは、今までになくおいしいコーヒーを自分で淹れられるようになったと喜んでコーヒー豆を買っていきます。

またコーヒー豆を買いに行くと、好きなコーヒーを目の前で淹れて無料で試飲させてくれます。

そんなサービスがあっても、いつの間にかリピートしなくなってしまいます。顧客が購入のために店に行っても居づらいのです。

「だったら、接客係を置けばいいじゃない」ということになります。しかし、その接客係も居づらくなってしまうのです。

結局、一人で切り盛りするか、仕込みの時などは家族に手伝ってもらっています。

これだけいいコーヒー豆です。本来ならもっと売れていいはずです。売れなければいけないです。

残念ながら、コーヒー豆の焙煎技術は学びましたが、それを販売する方法を学ばなかったために「いいモノを作っても売れない」状況になってしまいました。

言い替えれば、ショールームで儲けるための仕掛けを作らなかったということです。

ショールームに必要な三種の仕掛け「おもてなし」

ショールームには「おもてなし」が必要です。

おもてなしというと何かお茶を出したり、気配り・心配りをしたり、下にも置かない対応をすることのように思われがちですが、実はそうではありません。

もちろん、一般的にはこのようなことをおもてなしと言いますが、商談型ショールーム営業法ではこれらをおもてなしとは言いません。

商談型ショールーム営業法でのおもてなしとは「私はあなたのことをよく知っていますよ」「私はあなたをいつも見ていますよ、そばにいますよ」「我々はあなたたちが何を望んでいるか知っていますよ」ということを、相手に分かってもらうことです。

どういうことなのか、実例を挙げてご説明しましょう。

Y社は食品・飲料、工作機械、住宅設備機器、マテハン機器、そのほか多品種を取り扱う総合商社です。

Y社は年に一度、大規模展示会を全国各地で開催します。東京ビッグサイトや幕張メッセなどの大規模展示会場を一部借り切って、かなり大掛かりな展示会を開催します。

長年開催していますし、会社の威信をかけた展示会なため、開催地区の担当支店では集客に大わらわです。

全ての顧客に展示会の案内をするのはもちろん、派手なポスターを作り、専用のパンフレットを作り、業界紙の紙面に広告を出し、ありとあらゆる手段を使って告知します。

顧客には「来てください。お願いします」の一点張りです。遠方の顧客にはバス動員です。遠方から来てもらうためには、何かお楽しみが必要です。したがって半日、観光を組み入れます。

それだけでは足りません。どこかの気の利いたレストランで食事です。そして、お帰りにはお土産が付いてきます。

長年このスタイルで展示会を開催しているため、やめることはできません。やめて売り上げが下がろうものなら大変なことになります。誰も責任をとれません。というより責任を取りたくありません。

さて、営業担当者はノルマがありますので、担当顧客にお願い営業をします。集客の見込みが目標に達していなければ上司からハッパを掛けられます。

Y社の取引先である、H社の社長もお願い営業をされました。

「とにかく来てください。お願いします」と頭を下げられますので、根負けして展示会に行く約束をしました。

展示会当日の朝、Y社の営業担当者から電話がありました。

「社長、今日お待ちしています。是非来てください」

数合わせのための展示会など行きたくないのですが「行く」と約束した以上、行かなければなりません。

会場に着くと来場客が大勢います。Y社の営業スタッフも忙しく飛び回っています。総合受付で受付を済ませるとホルダーを渡されますので、それを首から下げて会場を見て回ります。

別に見たくもない製品ばかりなので、ザーッと眺めて担当営業社員のいるブースへ足を運びました。一応「来たよ」という証拠を残しておきたいからです。

広い会場の中で担当ブースを見つけ、挨拶がてら受付をしたところ、受付の社員からは「ごゆっくりどうぞ」と言われたのみで放ったらかしです。

担当の営業社員はというと、姿は見かけましたが忙しいのか、社長のことは気が付いていません。声をかけようにも、なんだかかけづらくて黙っていました。

仕方ありませんので、自分一人で何となく会場を回っただけで帰ることにしました。

あれだけ来てくださいと懇願されて、それでわざわざ行ったにもかかわらず誰も知らん顔です。相手もしてくれません。

大規模展示会で大口の顧客もいる中で、社長が一人で行っても相手にするほど余裕はないのは分かりますが、もうちょっと違った応対の方法がないものでしょうか。

H社の社長は、これに懲りてY社の展示会には、それ以来行っていません。もう行くものかと思っています。

簡潔に、もう一つご紹介しましょう。それは、この章でもご紹介した水道工事店のF社です。

F社は、定期的にT社のショールームを借りてフェアを開催しています。水道工事でお邪魔した施主に、フェアの案内として個別のチラシを渡すやり方で集客しています。

このチラシは「ピクリ！」とするチラシですので、渡された顧客（見込み客）は約70％の確率でフェアに来てくれます。

逆に言えば、来てもらえるように導線を作っているということです。そして来館した顧客は、ほぼ100％の確率で契約します。

なぜか？

そこには、おもてなしが効いているということです。

個別チラシと顧客の願望や悩みの情報は、事前にショールームアドバイザーに伝わっています。そしてF社の顧客が来館すると、アドバイザーは顧客が興味を持っている製品までまっしぐらで案内します。

アドバイザーが自分のことを理解してくれているという信頼感と安心感を持つため、顧客は高確率で契約するのです。

いかがですか？　真逆の実例を二つご紹介しましたが、あなたのショールームはどちらのタイプですか？

この「おもてなし」ですが、実は、顧客以外にも有効な使い方があるのをご存じでしょうか？　それは社長が、社員にやる気を出してもらおうとするときに、このおもてなしが使えるということです。

繰り返しますが、おもてなしとは何かサービスをするとか、心配りをするということではありません。ここでおもてなしと言っても、社長が社員に何か特別なことをするということではありません。

そうではなくて、社長は社員の仕事のこと、家庭のこと、プライベートのことなど、気にかかる事を知っているということです。そして折に触れて、一言でも声をかけるということです。声をかけにくければ、肩をポンとたたくだけでもいいのです。社員にはそれで十分に伝わります。

社員を褒め、評価をすることが、社員の育成に欠かせないと思っている方も多いでしょうが、決してそうではありません。

もちろん、そういったことが無意味だということではありません。ほめられてイヤな気分になる人はいないでしょうし、評価されてがっかりする人もいないでしょう。

そういったことも必要なのは承知していますが、それよりももっと大切なことは、社員をいつも見ていることです。

社員は、社長が自分を気にかけてくれているということがうれしいのです。

ショールームに必要な三種の仕掛け「ズレの修正」

「いいモノを作っても売れない」と嘆く経営者の方は多いです。

「こんなにいいモノを作ったのに、なぜ売れないんだろう？」

「お客様はこの製品の価値が分かっていない！」

このように思っている経営者の方いませんか？


なぜ売れないのか？

それは「作った製品を商品にできていない」からです。

「製品」は作り手の理屈であり「商品」は買い手の視点です。売れない理由は、ここがズレてしまっているからです。

少し専門的に言えば「プロダクトアウト（製品）」と「マーケットイン（商品）」の違いです。

製品というのは、作り手が「こんないいモノを作ってみました。いかがですか、買いませんか？ きっとあなたのお役に立ちますよ！」という考え方です。

ここには「こんなものを作ったらきっと売れるだろう」「この製品の良さを分かってくれる人は必ずいる」という予測のもとに製品開発をしています。

しかし、そうはいってもその通りにならないのが世の常であって、それで「こんなにいいモノを作ったのに分かってくれない」と嘆くのです。

一方「商品」というのは、顧客が「こんなものがあったらいいのに」とか「これがあれば便利だなあ」というものを察知して製品開発をするものです。言うなれば「顧客が欲しがっているものを作る」という考え方です。

しかしまあ実際には、ある定番商品があって、それを少し加工して新しいバリエーションにしたに過ぎない商品が多いのですが。

それでは、顧客の視点で作った「商品」が本当に売れるかというと、そうでもありません。

顧客が欲しいと思っている商品を作ったつもりでも、消費者の好みは常に変化しているからです。したがって、一時的に売れても定番化する商品は極端に少ないというのが現実です。

さて、今ご説明した通り、製品は自社の理屈で開発されていますので、それを見込み客の視点に合わせなければなりません。

この時に不可欠なのが、見込み客が何を望んでいるのか、何に悩んでいるのかという情報です。

この情報はどのように手に入れますか？

そうです、絞り込み営業で収集します。

見込み客の願望を叶え、悩みを解決する特長を持った製品を紹介することで、製品を見込み客の視点に合わせるのです。

また、そのような製品がない場合、見込み客の視点を自社の理屈に合わせてもらう必要があります。見込み客が気づいていない、製品のメリットを説明することで良さを分かってもらうことが重要です。

ショールームは、このような時に利用価値があります。ショールームがあれば、比較的容易にこれらの「ズレ」を修正できます。

もちろんショールームだけあっても、また、ただ単に製品の説明をしただけでもズレは修正できません。見込み客の願望や悩みを理解していなければ、見込み客が期待する本当のメリットを説明することはできません。一般的なメリットでは動機づけにならないのです。

ここでプロダクトアウトとマーケットインについて注意点をお話しします。

それはマーケットインの手法は、中小企業がとる戦略ではないということです。

高度経済成長期のような、同じものがどんどん売れていた時代ならいざ知らず、現在は経済が成熟した低成長時代です。そして顧客の好みは多様化しており、100人の人がいれば100通りの好みがあります。

そのような時代に、中小企業が顧客の好みに合わせようと製品開発をしたり製品を仕入れたりすれば、どうなるかということです。

答えは、火を見るより明らか。多品種少量生産で、製造コストはべらぼうに上がってしまいます。もしくは、会社の倉庫は仕入れた製品で埋まってしまいます。

要するに、マーケットインは大企業がとる戦略であり、中小企業はプロダクトアウトの戦略でなければならないということです。

したがって、ズレの修正を行う場合は基本的に、見込み客の視点を自社製品に合わせてもらう必要があります。ここはショールームアドバイザーの腕の見せ所であり、見込み客情報の正確性が求められるところです。

ただし、プロダクトアウトの場合、顧客不在の自己中心的な、独りよがりの製品開発にならないようにすべきです。

まあ、そのような会社はこの世に存在していないでしょうが…。

もちろん、中小企業でもマーケットインの手法を取り入れている企業もあるでしょう。そのような企業では、それで何も問題はありません。ここのところは自社の実情に合わせて戦略の立案をすることです。

ショールームに必要な三種の仕掛け「驚きと感動そして閃き」

「驚きと感動」も、ショールームを作る上で非常に重要な要素になります。これらがなければ、ごく「普通」のショールームになってしまいます。

普通のショールームでは顧客は来館してくれませんし、契約もしてくれません。したがって、この二つの要素をどのように取り入れ、どのように表現するのかが重要な課題となります。

みなさんのショールームには、独自の製品やサービスがあるでしょう。その製品やサービスの特長を、見込み客に独自の表現を使ってPRするのです。

もし仮に、独自性や専門性のある製品やサービスをお持ちでなければ、商談型ショールーム営業法を実施する前に作っておくことが必要不可欠です。これがなければ何も始まらないからです。他にも、商圏、ターゲット層も決めておく必要があります。

商圏とターゲット層の決定については、商談型ショールーム営業法の中にもコンテンツとして存在しますが、自社独自の製品やサービスは最初に決めておいていただく必要があります。

もし、そういった製品やサービスがない場合でも、自社の強みを含んだキラーコンテンツを活用し、平凡な製品やサービスを特長のあるものに仕立て上げることも可能です。

または皆さんが、自社製品やサービスの独自性、専門性に気が付いていないだけかもしれません。その場合は、当社が皆さんに気が付いてもらえるようにヒントを出します。

いずれにしても、製品・サービス、商圏、ターゲット層、この三つはビジネスを行う上で最も重要かつ基本的な要素です。

これに営業・販売戦略を組み合わせていきます。「どこの」「誰に」「何を」「どのように」といった具合に考えるといいでしょう。

「どこの＝商圏」「誰に＝ターゲット層」「何を＝自社独自の製品・サービス」「どのように＝営業・販売戦略」という具合です。

さて、自社独自の製品をショールームでどのように表現するか、です。表現方法によって契約率がグンと上がるのは事実です。

その表現方法を、食器洗い乾燥機（食洗機）を例にとってお話ししましょう。

食洗機は、高温のお湯と洗剤で食器の油汚れなどをきれいに落としてくれる優れものです。皆さんのお宅にも設置されているかもしれませんね。

ここで「高温のお湯」とは一体どれくらいの温度かご存じでしょうか？　そうですね、約60度〜80度のお湯です。

この食洗機の説明をする場合、あなたならどのように見込み客に説明しますか？　こんな感じですか。

「この食洗機は80度のお湯で食器を洗いますので、油汚れもよく落ちます」

いいですね。間違いはありません。その通りです。でも、もう一つ何か足らないように思いませんか？

それでは、こんな感じはどうでしょう。

「この高性能食洗機は、手ではとても触れないような熱い熱いお湯で食器を洗いますので、頑固な油汚れもきれいさっぱり！カンタンに落とせます」

何かテレビショッピングみたいになってしまいましたが、いかがでしょう。どちらの説明が、お客様が買いたくなるでしょうか？

食洗機はどれも約60度から80度のお湯で洗いますので、この点で言えば特別に高性能というわけではありません。

しかし、表現一つで見込み客の興味や関心を引くことができるということを、みなさんが理解しやすいように、定番な製品を例にとってご説明しました。

あなたの会社の製品やサービスは、よそにはない特長が必ずあるはずです。その特長を大げさに表現してみてください。

言葉だけではなく、ショールームに来館した見込み客に、身振り手振りで表現するのです。日和っていてはダメです。大げさなくらいがちょうどいいのです。

驚きと感動を見込み客と共有したら、次は「閃き」を共有しましょう。

例えば、長年使ったビルトイン型の食洗機が故障したとします。

「もう充分使い込んだから、故障してもしょうがないね」

または子供が大きくなって独立し、いよいよ夫婦二人だけの生活になりました。

「家族が減ったし、もう食洗機のお世話になることもないね」

こんな風に思うでしょうか。

こんな時に、この食洗機が邪魔になりますね。どうしようか？　そんな将来のことも考えておかなければなりません。

あなたならどうしますか？

実は、食洗機を取り払って収納スペースに変えることができます。少し手間はかかりますが使いやすさ抜群です。この使い方を見込み客に閃いてもらうことです。

決して、あなたがこの使い方をアドバイスしてはいけません。ポイントは見込み客に閃いてもらうことです。そのためにヒントを出すことです。それがアドバイザーとしての役割です。

しかし、もし見込み客が閃かなければ、そのときは丁寧に提案しましょう。閃かず、提案もせずで、そのまますぎてしまっては元も子もありません。

この閃きと提案により、見込み客は将来への不安がなくなりました。購入へと心は動くでしょう。

食洗機を例にとって単純なお話をしましたが、あなたの会社には独自の製品やサービスがあります。それを見込み客にどのように表現するかが勝負です。それによって購入・購買率が向上します。

3、ここからが本当の勝負「アフター営業」

クロージングとしてのアフター営業

ここまでで導線設計の8割程度をご説明してきましたが、これからの2割、すなわちクロージングとしてのアフター営業が、契約もしくは次へつなげるための活動として非常に重要になります。

見込み客（本物の）をショールームに誘引し、仕掛けをしかけても販売できなかった、契約できなかったということは多分にあるでしょう。

特に、住宅や住宅リフォーム、大口納品案件など、高額製品や高額契約はその場で決まることはありません。当然、クロージングが必要になります。

そして、ここからが本当の勝負となります。

ショールームで仕掛けた「おもてなし」「ズレの修正」「驚きと感動」の余韻が残っているうちに刈り取りましょう。

ショールームでの熱が冷めてしまってからでは心が動きません。ショールームに来館してもらったお礼と言って、クロージングにお邪魔すればよいのです。何も遠慮はいりません。当然のことです。お客さまも承知しています。

また「ブリッジ」を仕掛けて、見込み客を囲い込んでおくことも必要です。

さまざまなイベントを定期的に開催して、そのたびに以前来館してくれた見込み客を何度も招待するのです。特に商談から契約まで時間がかかる住宅などは、このブリッジが必須です。

さて、アフター営業で契約に成功したとしましょう。めでたし、めでたし。あなたはそれで満足ですか?

そんなことはありませんね。契約したら繰り返し購買・購入してもらう、利用してもらうようにしなければなりません。いわゆるリピーターとか固定客になってもらいたいわけです。リピーターになってもらうことで、安定的に売り上げを上げたいわけです。

そのためには、これまでにご説明してきた「おもてなし」「驚きと感動」の仕掛けをしかけることです。

要は「もう一度買いたい」と思ってもらえるかどうかということです。したがって、これらの仕掛けを丁寧に実施しておくべきです。

さて、本物の見込み客はリピーターになってくれました。ここからもう一段、固定客化を図りましょう。リピーターに、あなたの会社または製品の「ファン」になってもらうのです。この時に「飲み・食い、景品」の仕掛けが役に立ちます。

第1章で、飲み・食い、景品は役に立たないとご説明しました。また、そんなことで集客するから違う人が集まって、コストばかり掛かって売り上げにならず、儲かりもしないとご説明しました。この真の意味は、使う時と人を間違っているということです。

すなわち、集客に「飲み・食い、景品」の仕掛けをしかけても効果はないということです。ここを間違えなければ必ず効果は出ます。

ショールームを回せていなければ飲み・食い、景品は無駄になる

いきなりですが、例え話をします。

あなたがラーメン店を開店したとします。新規のラーメン店ですので、もちろん固定客はいないし知名度もありません。

世間一般の人は、誰もあなたのお店のことを知らない状態だとします。したがって、お客様はあなたの店にほとんど来てくれません。

あなたはラーメン店を開店したばかりなので、皆さんに自分のお店を知ってもらおうと考えます。

そこで、新聞折り込みチラシを使って広告を出すことにしました。しかし、普通の広告ですとインパクトがありませんので、何か工夫をしようとします。

「そうだ！　ラーメン一杯にギョーザを一皿付けよう」

こうしてあなたは、チラシにギョーザ一皿無料券を付けて新聞折り込みをしました。

折り込んだ日のお昼、これまで閑散としていた店内はお客様でいっぱいです。店内に入れないお客様の行列が店の前にできるほどです。

お昼前に営業を開始して、午後の閉店時間になっても、お客様は途切れることはありません。

お客様の注文は、ラーメンです。ラーメン店ですから当然です。そのラーメンにはギョーザが一皿無料で付いてきますので、ほとんどのお客様はラーメンとギョーザを食べています。

午後遅くなって、ようやく客足が途切れました。そして夜の営業もこんな調子です。

「いや～、今日は忙しかった。この分じゃ、明日も忙しくなるぞ」

そんな予想をしたあなたは、急遽、知り合いのラーメン店からアルバイトを一人調達して、明日の営業に備えることにしました。

明日はアルバイトもいるし、普段より多くの食材を用意しています。もう準備万端だとして、忙しくなるのを心待ちにしています。

さて、その翌日、客足はというと…、さっぱりです。元に戻ってしまいました。アルバイト君はやることがなくて手持無沙汰です。

「おかしいなあ、こんなはずじゃあなかったのに」と、あなたはつぶやきます。なぜこうなったのでしょう？

実は、知名度を上げようとして折り込んだチラシの無料券は、折り込んだ当日が有効期限でした。そしてギョーザを目当てにしたお客様が、どっと押し寄せたのでした。

その結果、お客様は無料のギョーザが付いたラーメンしか注文せず、あなたは忙しいだけでくたびれもうけだったわけです。

さらに「明日も忙しいぞ」と期待しましたが、ギョーザが無料ではなくなったために、翌日は店に閑古鳥が鳴くことになったのです。

なぜ、このようなことが起きるのかお分かりでしょうか？　もちろん少々極端なたとえ話であることはその通りなのですが、実際にあり得る話です。

この例えについて、

「いいじゃないかそれで。だって、知名度を上げることは成功しているよ」

「店があるのは分かったんだから、そのうち徐々にお客様は増えるさ」

このように反論する方がいます。

確かに、その通りです。全くお客様がいない状態で自分のお店を知ってもらうには、このようなチラシは有効です。

しかし、それだからと言って急にお客様がリピーターになることはありません。無料券を配布した当日に急に増えたのは、ギョーザが無料だったからであって、あなたのお店のラーメンが食べたかったからではありません。

新聞折り込みのチラシを見たお客様は「近くに新しくラーメン店ができたみたいだよ。ギョーザが一皿無料だってさ。ちょっと行ってみようか」と言って来ているのです。決して、あなたのラーメンを食べたいから来ているわけではないのです。

それでは「ギョーザ一皿無料券」は「いつ」「どのような」お客様に有効なのでしょう？

その答えはこうです。

あなたはラーメン店を開店して、おいしくてリーズナブルなラーメンを提供していますので、徐々にお客様が増えてきました。

本通りの路面店ですので立地もいいし、お客様が入店すると「いらっしゃいませぇー」という威勢のいい掛け声が評判となってリピーターも増えてきました。いわゆる、お店が回転してきた状態です。

この状態のときに「ギョーザ一皿無料券」を配布したらどうなるでしょう？　リピーターだけにお渡しするのです。ポイントとかスタンプではダメです。

リピーターは無料券がなくてもあなたのお店が気に入っていて、繰り返しラーメンを食べに来てくれています。

そこで無料券をもらえたら「あの店は、ラーメンはおいしいし威勢もいいし、何回か行くうちに無料券をくれるんだ。結構いい店だよ、あの店」という風に口コミ宣伝をしてくれます。

この瞬間に、このお客様は「リピーター」から「ファン」に育ちました。

このファンを、できるだけたくさん育てることが、ビジネスを行う上では大切です。それはやはり、売り上げの安定化、すなわち経営の安定化につながるからです。そして、口コミの宣伝ツールとして使えるからです。

もちろん、固定客に依存してしまってはいけません。なぜなら、一般的には何もしなければ、年間で3％ずつ固定客は減っていくと言われているからです。

したがって、固定客を維持する施策が必要なのと、新規のお客様を開拓することが必要不可欠です。そして、この二つを常に同時進行しなければなりません。


このようにビジネスが回転しているときに、何かお得さをリピーターに提供することがファンを育てることになります。この場合のお得さは、ギョーザ一皿無料券です。これはビジネス提供の3大欲求の一つですので、効きます。

ビジネス提供の3大欲求とは、人間の本能のレベルの次に来る欲求であり、次のようなものです。

「お金が儲かること」
「他者より上の待遇であること」
「気持ちがいいこと」

ビジネスが回転しているときに、この３大欲求を満たすことで、あなたのビジネスはますます回転することでしょう。

ファンは口コミ宣伝のツール

ファンを宣伝のためのツールと表現しては全く失礼な話ですが、現実的にはそのような役目を果たしてもらうために、手間、暇、お金をかけているのです。したがって、十分に働いてもらわなければなりません。

ところで、リピーターとファンの違いは何だと思いますか？　明確な定義があるわけではありませんが、当社ではこのように定義しています。

「リピーターとは、その製品やサービスが気に入っているため、繰り返し購買・購入する会社または個人」

「ファンとは、単に繰り返し購買・購入するだけでなく、依頼していないにもかかわらず良い口コミを流してくれる会社または個人」

いかがでしょうか。あなたの会社にはどれくらいの数のファンがいますか？

会社を安定的に経営していくうえでは、当然ながら、ファンを多く抱えていることが重要です。そして長い間、あなたの会社の応援をし続けたファンは「コアファン」へと進化していきます。

ファンとコアファンの違いは、明確に定義があるわけではありません。したがって、精神的な区別と言ってもいいでしょう。

そして、コアファンは一長一短に育つものではありません。長い年月をかけて育て上げていくものです。

こんな話があります。

ある卸売り会社の営業担当者がまだ若く、お客様の要望に十分にこたえられない状態にありました。お客様である社長は、この卸売り会社のコアファンです。

社長は、無理難題を押し付けているわけではありません。ベテラン営業社員なら普通に処理できるレベルです。しかし、経験の浅いこの営業担当者には荷が重い仕事です。何度やってもうまく行きません。

社長は営業担当者がミスをするたびに残念な思いをするのですが、かといって会社に文句を言うわけではありません。「ちゃんと教育しろ」とか「もうちょっとまともな営業をよこせ」とか、そういった乱暴なことは言いません。

逆に、ミスをしても「やり直せばいいんだから頑張れ」「俺はお宅の会社に惚れているんだよ。しっかりやれ」。そう言って励ましてくれます。

それは、この卸売り会社とは先々代からの取引で、その昔、随分世話になったということを先代、先々代から社長は聞かされてきたからです。

また卸売り会社が営業担当者まかせにしているわけではなく、上司がいろいろとフォローしているのを知っているからです。

こうして長い時間をかけて、お互いに信頼関係を築いてきたわけですから、ここには損得とか、会計的な利益とかは存在しません。あるのは信頼関係です。

このようなコアファンを作り続けていくことが、中小企業がその地域で生き残っていくための重要な戦略です。

よく地域密着と言いますが、ただ単に密着するだけでは地元に愛される企業にはなりません。コアファンを作るべきです。

以上、ショールーム営業の導線設計についてご説明しました。

それではいよいよ第3章で、導線設計を実際に行った会社の実例をもとに、儲かるためのしくみづくりについてご説明しましょう。

第3章

豪華なモデルハウスはいらない

1、ある一本の電話から物語が始まった

「先生、何とかならないでしょうか？」

桜という花は散り際が見事で、あれほどチヤホヤされたにもかかわらず、散ってしまうと誰にも見向きもされません。

その桜が今度は若い葉を出し、いよいよ初夏の時期になったころ、一本の電話が当社にありました。

「先生、困っています。何とかならないでしょうか？」

電話の相手は、九州地方に拠点を構える、老舗の土木建設会社S社の社長です。

いきなりこのようなお話しぶりで、相当緊急な案件なのかと思いながらも、話の続きを聞くことにしました。

「ウチは本業が土木建設ですが、住宅建築もやっていまして…」

「モデルハウスが6棟ありますが、イベントに集客できなくて…」

「なんとか受注を増やしたいと思っていますが、うまくいかなくて…」

かなり歯切れの悪い話し方です。

「それで先生にちょっと、いろいろアドバイスを…」

要するにモデルハウスを6棟所有していて、定期的にイベントを行うものの集客できず、結果、受注もできないので何かいい方法はないかアドバイスが欲しい、というご相談でした。

かなりお困りの様子でしたが、当社としてはよくあるご相談です。それで、まずはどのような状況なのかを詳しくお聞きすることにしました。

本来であればセミナーを受講していただき、その後、個別相談という流れになるところを、いきなり個別相談ということになりました。まあ、かなりお急ぎだったということもあります。

電話の後、急いでスケジュールを調整し、S社に伺うことにしました。

個別相談は基本的にお客様の会社で行います。ショールームやモデルハウスを所有しているお客様が多く、現場を見せていただくことでヒントを得られるからです。

相談の内容は社長から口頭で聞いていましたが、あまり予断を持たないようにしています。先入観を持つと、問題点を多角的に見られない可能性があるからです。

訪問当日のお昼少し前、とある空港に降り立ちました。その後、電車に乗り換え最寄りの駅で降りると、社長と専務が車で迎えに来てくれていました。

S社は海に近い場所にあり、魚介類がおいしいと評判の地域です。ちょうどお昼時でしたので、近くの定食屋でおいしい魚料理をいただきながら再度お話を伺いました。

歴史、事業、業績、社員数など、S社の概要をお話ししていただきました。その話の中でも、住宅事業がうまく行っていないことを話されます。

いろいろ考えられることはやってきたつもりだが、どれもうまく行かないこと。どうしていいか分からずにいたところ、たまたま日経新聞の広告で当社の書籍（前著、半自動的に儲かり続ける 業種×業態別ショールーム営業戦略）を知り、読んでみたところ、これだと直感したことなどをお話になります。（ちなみに、S社社長は当社の本を五冊もご購入いただき、幹部の方々に一冊ずつ渡して読ませたそうです。そして自分の本には、付箋がびっしり貼ってあるのを見せていただきました）

当社としては大変ありがたいお話ですが、社長と専務のお顔を拝見すると、お二人の悩みは相当深い様子です。

コンサルティングをご依頼いただくならば、成果が出るようにご指導せねばなるまいという心境で、昼食後の個別相談に臨みました。

個別相談の前にショールームを拝見しました。新築のほかに住宅リフォームも事業として行っており、結構立派な水回りのショールームを所有しています。

そのショールームにお客様はいません。活気がなく、何となくがらんとしています。

「ショールームは活用できていますか？」とお聞きすると、社長も専務も首を横に振ります。

「そうでしょうね。この感じでは」

初めてお会いしたお客様に対してちょっと失礼な言い方になってしまいましたが、きちんと理解していただくためには、少しずけずけとした物言いの方がいいのです。

ショールームをよく見渡してみると、カタログや事務用品などがあちこちに置いてあります。というより散らかっている感じです。そして残念なことに、掃除道具が置いてあります。要するに、物置状態になっているということです。

「ショールームが物置になっていますね」と少し皮肉っぽく言うと「会議室にも使っていますよ」。

これはショールームが活用できない原因のうちの最大要因です。これだから活用できないのか、活用できないからこうなるのか、どちらにしても「もったいないショールーム」と化しています。

個別相談の会場はショールームです。使われていないし、お客様が来館することはないのでそれでいいということです。そこで資料を用意していると、しばらくして役員の方々が大勢入ってきました。全部で5名です。

「予定より多いじゃない！」と思いながらも、余分に資料を用意してあるし「多分それだけ必死なんだろう」と考え、個別相談に臨んだのでした。

個別相談はコンサルティング導入前の重要なイベントです。お客様のご要望と、当社のコンサルティングがマッチするかを検証します。

コンサルティングの具体的な方法や条件も提示します。お互いに条件面で合わなければコンサルティングの導入にはなりません。

今回は、S社の何とかしたいという思いと、当社のお手伝いしなければという気持ちがマッチし、コンサルティング導入となりました。

個別相談が終わって、さあ次はモデルハウスを見せていただくことになりました。どのようなモデルハウスか楽しみです。

まさかショールームと同じ状態ではないだろうかと、一抹の不安はありましたが。

顧客の好みに合わせても、豪華なモデルハウスを作っても集客できない

顧客の好みに合わせて、いいモノを作っても売れない時代です。好みの変化は速く、多様化しています。何が売れるか分からない時代と言えるでしょう

「こんなにいいモノを作ったのに何で売れないんだろう?」。そう嘆く経営者のなんと多いことか。特に、技術力の高い会社の経営者ほどそう思うでしょう。

S社は、まさにその王道を行くモデルハウスをお持ちでした。

外観・内装は6種類ありますが、全てのモデルハウスは材木にこだわっています。耐震性を高めるための壁材など以外は、すべて天然木ムク材です。

柱はスギ・ヒノキ材、床・壁・天井はアカマツ・キリ材、梁はマツ材、土台はヒバ材と、木の特徴を考えて使用する場所を選んでいます。

材木は乾燥がしっかりできていて、経年変化による割れや反りは、ほとんどありません。仮にあったとしても、それは天然木の特徴であり良さでもあります。

一歩玄関を入ると木の香りがします。かすかに匂いがするのではなく、かなりはっきりと香りがします。これはもう森林浴をしているようです。

天然木ムクの家ですので木の肌触りは最高です。床に頬ずりしたくなります。それくらい肌に優しいということです。

また天然木の効果により、ぜんそくや気管支炎、アトピー性皮膚炎などの病気に対しても、健康改善の効果があります。

加えて機密性が高いのと、床は極厚手の天然木ムク材なため、夏は涼しく冬は暖かく過ごせます。夏はエアコン一台、冬は床暖房を入れて、子供や高齢者が一年中裸足で過ごせる超健康住宅です。

この住宅が、実は、売れません。全く、です。モデルハウスに見込み客を集客できないのです。見込み客を集客できないのですから、売れないのは当たり前です。

売れることは売れますが、それは社長の紹介とか、社員の親戚とか、何かコネが付いていないと売れないのです。

売れない理由は…、高いから？ 違います。S社の提供する住宅は相場に比べてリーズナブルです。それなのに売れない。

その理由が第3章のテーマであり、さらに大きく言えば、この本で皆さんにお伝えしたいことです。

実際、建てた方からの評判は上々です。建ててよかったという評価を得ています。住宅のような高額製品は、価格が高ければ高いほどお客様の満足度も高くなります。

一方、安い住宅は満足度が低くなる傾向があります。これは品質の差が、そのまま満足度に表れているものと考えられます。

予算がなく安い住宅しか買えない方は、住宅を手に入れることはできても、そこに住まう満足感は犠牲にしています。

このことをS社の経営者の方はよくご存じです。したがって、本当にいい住宅だけをお届けしたいという思いが強くあります。しかし売れなければ、それは単なる寝言です。

なぜ売れないのか？　S社自身は自問自答してきました。

「顧客の好みに合わせた豪華なモデルハウスがあれば集客できる」
「いい材料をふんだんに使って、高品質な住宅であれば売れる」
「ていねいな仕事をすればお客様の評価は高くなり、ますます売れるようになる」

実は、この考え方が売れない理由だったとは、S社の経営者も気が付いていませんでした。なぜならば、S社の創業時の事業であり、今でも収益の柱である土木建設ビジネスの基本姿勢だからです。

ここでS社の歴史を少しだけご紹介しておきましょう。

S社は戦後しばらくして個人土木業として創業しました。現在四代目です。戦後の復興と高度経済成長期、バブル経済期で波に乗り、土木業のほかにビルや店舗、事務所、マンションなどの建築業も手掛けるようになります。取引相手は行政や一般企業ですので、B2GでありB2Bです。

創業70年の老舗で、地元に愛されている地域No.1企業です。仕事は丁寧できれいです。そして「お客様にいいモノを提供する」。それがS社のアイデンティティーであり、経営理念です。

したがって、役所からも企業からも高い評価を受け、ますます発展するという好循環を生み出していました。それは今現在でも変わりはありません。

住宅事業を始めたのは、それほど昔ではありません。2008年に起きたリーマンショックに端を発した不景気と、民主党政権が掲げた「コンクリートから人へ」のスローガンによる建設不況がきっかけです。

住宅事業を始めた当初は、低価格住宅を作っていました。若いサラリーマンでも、少し背伸びをすれば手が届くような住宅です。悪く言えば金太郎あめのように画一的な、いわゆる建売住宅です。

しかし「このような住宅で本当にいいのか?」という思いがあり、経営理念とも合致していないことを理由に「お客様に喜ばれる本物の住宅を作る」「顧客の好みに合わせた様々なテイストの住宅をご用意する」という方針に転換し、近年、高付加価値住宅を作り始めたのです。

この「本物の住宅を作る」「顧客の好みに合わせる」という方針が、このあとS社の住宅部門を苦しめることになろうとは、当時、誰も考えていませんでした。

6棟の豪華なモデルハウスを次々と作った理由

ところで、なぜS社は6棟もの豪華なモデルハウスを作ることになったのでしょう。

そもそも「顧客の好みに合わせる」のが間違いのもとです。

S社は典型的な中小企業です。その中小企業が、顧客の好みに合わせてモデルハウスを作ればどうなるでしょう？

第2章でご説明したように、顧客が100人いれば100通りの好みがあります。それに対応しようとすれば、おのずとモデルハウスは増えていきます。

顧客の様々な好みに対応できるのは大企業です。S社は土木建設業で儲かっているとはいえ、資金が潤沢にあるわけではありません。S社のような中小企業では無理な話です。

S社は顧客の好みに対応することで受注・契約しようとしていたため、知らず知らずのうちに大企業の土俵で相撲を取っていたことになります。

加えて、S社のアイデンティティーがあったからです。総合建設業として地域No.1でなければならなかったのです。

土木建設部門は地域に認められていますが、住宅部門はそうではありません。知名度もありません。

そこでS社の経営者は、住宅部門を何とか軌道に乗せたいと焦っていました。当然ながら、事業としては赤字だったからです。

先行するライバル会社の住宅が、S社の目と鼻の先で建築中なのを見るたびに、社長は悔しい思いをします。

公共工事であれば、そのようなことは許されません。自社事務所の目の前の物件を、他社が受注するなどということはあり得ないことです。そのような物件であれば、何が何でも受注に走ります。

また継続物件にも意欲を示します。

公共工事の場合、工区を分けて期間をずらして発注されます。

例えば、上下水道延伸工事などの場合「今年はA地域のB工区を発注する」「来年はA地域のC工区を発注する」などと分けて発注されるのです。

これは自治体の予算のこともありますが、多くの施工業者が受注しやすいようにするためもあります。

ところが、A地域のB工区を施工した会社は、その続きであるA地域のC工区も「うちが受注するのが当然」といって受注に走ります。

なぜそうするかと言えば、メンツにかかわるからです。それくらい土木建設業における「縄張り意識」は強いものがあります。

話が脱線してしまいました。S社がなぜ6棟もの豪華なモデルハウスを作ったのか、でしたね。

住宅部門の社員からは「今のモデルハウスが流行にあっていない」という声が上がっていました。ただ、今のモデルハウスのどこが流行にあっていないのか、どこをどう直せばいいのか分かっていません。一般的なイメージだけで「流行にあっていない」と言っているだけだったのです。

社長はじめ経営者の方々は、社員がイメージだけで言っていることを薄々わかっていました。

しかし、住宅部門の戦略を「顧客の好みに合わせた様々なテイストの住宅をご用意する」という方針に転換したのですから、社員の訴えは聞かなければなりません。

異なるテイストのモデルハウスを追加で作ってもチラシを変えても、集客も契約もできない。それなら、また異なるテイストのモデルハウスを作って、チラシも変えてみよう。このパターンを繰り返して、現在モデルハウスは6棟です。

モデルハウスをたくさん作ってはいけないということではありませんが、何度もご説明している通り、モデルハウスが見込み客を呼ぶわけではありません。そこには営業戦略が必要だということです。

また、お金の掛け所を間違えていると言えます。モデルハウスではなく、営業戦略にお金をかけるべきです。

極端に言えば、モデルハウスはなくても住宅は売れます。完成見学会を行うとか、営業ツールとして関連する写真集兼エッセイ本とかあれば住宅は売れます。モデルハウスが集客するわけではないのです。

どうやって売っていいか分からない

S社住宅部門の営業社員は住宅営業の基本を知りませんでした。お客様と直接会って願望や悩み、不安を聞き出す営業ができていなかったのです。それは低価格住宅を販売していた頃の名残です。

低価格住宅を作って売っている頃は、新聞折り込みチラシを入れて「安いですよ」で売れていました。安さが「売り」ですので、特別に見込み客のことを考えることはありません。何しろ金太郎あめのような画一的な住宅ですので、安さ以外の特長はありません。安さで売れていましたので、営業ノウハウはありません。必要なかったのです。また自分たちの営業力で売っていると勘違いしていました。

したがって、ビジネスにおいて最も重要な営業・販売ノウハウは蓄積できませんでした。

安さ以外に特長がないと言っても、丁寧できれいな仕事を信条としているため、お客様が購入した後の評判は悪くありません。

ただ前にも書きましたが、安いだけあって住宅のグレードは安いなりです。住むには十分ですが、住むことに楽しみを見つけるには至りません。これは仕方がないことです。

営業社員がOB顧客を訪問しても「建ててよかった」とは言ってくれません。それなりの住宅を買ったということ以外、何もありません。

S社の経営者はこれをよしとせず、方針転換を図ります。高付加価値住宅への大転換です。国産の総天然木ムク材を使った高機能、高性能、高気密住宅です。

S社は土木建設業が本業ですので、現場管理も図面を書くのもお手の物です。下請け業者も資材の仕入れ業者も事欠くことはありません。

解体、造成、舗装も自社で出来ますので、お客様にはワンストップで依頼できるというメリットがあります。

「さあ、営業は受注してきてください。受注してくれれば我々が本物の住宅を作りますよ」とばかりに工務は手ぐすねを引いていますが、残念、手持無沙汰です。仕方ありませんので一般建築の現場へ回されます。そちらの方に仕事があるからです。

しかし、なぜ売れないのかよく分かりません。分かっていれば苦労はないのですが、分からないのですから、どうしていいか分かりません。

このように、いい材料を使って、優れた施工技術で住宅を作ることはできましたが、高付加価値住宅を売るための営業・販売ノウハウを持ち合わせていなかったため、どうやって売ればいいか分からなかったのです。

これまでの営業のやり方では通用しないと、ようやく気が付いたころ、当社の書籍（前著）と出会うことになるのです。

さて、本を読んでショールーム営業をまねしてみたそうです。見よう見まねでやってみましたが、結果は出ませんでした。

もちろん本の中で事例は豊富に挙げていますし、方法論についても丁寧に解説していま す。しかし、本を読んだだけでショールーム営業戦略が実施できるほどビジネスは甘くありません。逆に、下手をすると痛いしっぺ返しが来ることになります。

S社の経営者は、本を読んだだけでは実行できないことを知り、当社に連絡を入れたのです。

実は、コンサルティングに入る前、モデルハウスを見学した時からS社が良すぎる住宅を作っていることが気になっていました。

いや、良い住宅を作ること自体はいいのですが、これまで低価格住宅を作ってきたにもかかわらず、急に高付加価値住宅を販売できるのだろうかという疑問です。

しかし、この当時は土木建設ビジネスが染みついていたため、良い住宅を作ることが売れる条件だと思い込んでいたのです。

顧客の好みに合わせ、本物の住宅を作れば売れる。お客様が欲しがっている、本物の住宅を作ることこそがお客様のためであり、地域貢献にも社会貢献にもなると勘違いしていました。

この点については完全な間違いとは言えません。本物の住宅を作ることは地域貢献にも社会貢献にもつながりますし、何よりお客様が欲しがっている住宅を作るのですから、お客様満足につながります。

しかし、ターゲット層が定まっていませんでしたし、営業・販売ノウハウもありませんでした。いわゆる営業戦略がなかったと言えます。ここに問題がありました。

お客様が欲しがる本物の住宅を作れば、お客様は寄ってきて売り上げは上がると、自社都合で勝手に思い込んでいました。

当社が常々申し上げているのは、

「ショールームを作っただけでは、見込み客は来てくれない」

「いいモノを作っても、営業戦略がなければ売れない」

ということです。

S社住宅部門は、豪華なモデルハウスはお持ちでしたが、営業戦略をお持ちではありませんでした。

S社住宅部門は低価格住宅から高付加価値住宅へと転換しました。

商品が変われぱターゲット層、販売方法、販売ツール、モデルハウス（ショールーム）も変わります。要するに、営業戦略が変わるということです。

低価格住宅から高付加価値住宅へ転換してしばらくは、確かな営業戦略と呼べるものはありませんでしたが、

「流行に惑わされず、自分たちが本当にいいと思える住宅のみを提供したい」。

「価格勝負ではなく、本物の住宅を提供することで、地域の皆さんに安心・安全と健康をお届けしたい」。

この思いがあったからこそ、S社住宅部門は間違いに気が付き、動くことになったのです。

2、売れるための導線を設計する

導線を設計することで、今、何をすればいいか分かるようになる

先ほど「本物の住宅を作る」という方針がS社を苦しめたと申し上げました。もちろん、S社の方針は正しいのですが、どうやって売るかが全く分かっていませんでした。

さらに問題は、その前の文章にあります。

それは「いいモノを作れば売れる」「ていねいな仕事をすればお客様の評価は高くなり、ますます売れるようになる」。この考え方が売れない理由なのです。

ごく普通に考えれば「いいモノを作って何が悪い」「いいモノでないものが本当に売れるのか」ということになります。

しかし、営業活動においては「製品3割、販売7割」です。これは売り上げを上げるためには販売が重要であり、その重要性は、いいモノを作ることよりもずっと大きいことを示唆しています。

S社住宅部門は、いいモノを作っても販売ができませんでした。営業戦略の立案ができていなかったからです。したがって、この問題を解決するべく導線設計に取り組んだのです。ここの部分は、商談型ショールーム営業法を実施するうえで非常に重要です。

商談型ショールーム営業法とは、見込み客開拓から契約まで、さらには本物の見込み客をリピーター、ファンに育てていくという一連の活動です。

ショールームで成功を収めるためには、この活動を確実に実施していくことが求められます。また、そのためには導線を設計する必要があります。これにより、何を、どうすればいいか分かるようになります。

高付加価値住宅を売るために、いつ、誰に、何を、どうすればよいのか分からなかったS社の経営者の方々ですが、8か月にわたる念入りな設計作業により、売れるための全体像をあぶりだすことに成功しました。

この間の作業は、難渋を伴ったことは言うまでもありません。知識や知恵、ノウハウを身に着けるためには、机の上の作業だけではなく実践が必要です。それでなければ机上の空論になってしまいます。

いかに住宅部門の社員に実践してもらうか、ここが難しいところです。

さて、自社で導線を設計することは、S社にとって初めてのことです。何もかもが初めてのことですので「こんな細かいことまで考えなきゃいけないの？」と、目を丸くすることもしばしばです。

例えば「イベントの前に合言葉を決めましょう」と提案したのですが「なんですかそれは？」という反応が返ってきました。

当社ではコンサルティングの集大成として、また効果測定として、実際にイベントを開催してもらっています。

イベントがうまく行ったのか行かなかったのか、そしてそれはなぜか、これまでのコンサルティングのプロセスを検証するためです。

そのイベントを開催するにあたり、合言葉を決めて社内の全員が共有します。そうすることにより、目的・目標意識を高めようとの狙いです。

ところが「合言葉なんて、こっぱずかしくて言えませんよ、先生！」という反応。

当社は「だから売れないんです！」と一蹴。

現場を管理したり、図面を書いたり、いい住宅を作ることにはたけていても、どうすれば売れるのかさっぱり分からないのでは、売れるものも売れません。

もちろんS社の経営者の方には、合言葉を決めて実施してもらいました。社長も専務も社員も、全員です。

このように、これまで営業戦略を立案してこなかったS社にとっては、大変な作業となりました。しかし導線を設計したおかげで、今、何をすればいいのか分かるようになりました。

何をすればいいか分かれば、後はそれを実行するのみです。まあ、このあと実行力も問われることになりますが。

いずれにしても、S社は導線設計に取り組んだことで、高付加価値住宅を販売するノウハウを身に着けました。

ひとまず、完成形ではないにしろ導線が出来上がったのです。めでたし、めでたし。「さあ、これでイベントに向かってGOだ」と思うのは時期尚早です。これから、まだまだ難題が待ち受けています。

実践できて初めて「分かった」と言える

「先生、そんなこと知ってますよ」

「私はビジネススクールで経営理論を学んだので、よく分かっています」

「もう少し専門的で難しいコンサルティングかと思いました。割と簡単ですね」


こんな風にお話になる経営者の方がいます。

その方に「そういうあなたは、それが実践できているということですね？」とお聞きすると「いや〜…」と言って後が続きません。

実は、コンサルティングを行っているお客様の中にもこのような方がいます。

勘違いをしては、いけないことがあります。

「頭で分かっていることと、実際にできることでは次元が違う」

いかがですか？

コンサルティング現場では、専門用語をほとんど使いません。中小企業診断士がよく使うフレームワークもありません。会計の知識も必要ありません。

みなさん「マーケティング」という言葉は知っていますね。

では「マーケティングの定義を知っていますか？」とお聞きすると、答えられない方がほぼ100％です。

マーケティングの定義は時代とともに変化することもありますので、安易に使うと微妙に意味を違えて捉えてしまうことも考えられます。

しかし、マーケティングと表現すると何となくカッコよさを感じます。専門的でもあります。多くの方は定義が分かって使っているのではなく、マーケティングという語感に酔っているのです。プロフェッショナルな感じがいいのです。

これと同じで、経営理論の専門用語を使うと、何か偉い先生のように感じるのです。例えば有名な、ＳＷＯＴ分析、５フォースモデル、ＰＰＭ、市場細分化、死の谷とダーウィンの海などなど。

ボストン・コンサルティング・グループ、コトラーマーケティング5.0、チャンドラーの命題、マズローの５段階欲求などなど。

イノベーションジレンマ、官僚制組織、訓練された無能、コアコンピタンス、グループシンク、ダブルループ学習などなど。

これらの理論は有名ですので、経営理論の教科書を読めば必ず出てきます。

このような本を読んで理論かぶれしている経営者の方には「経営理論を学びたければビジネススクールへ行ったほうがいいですよ」とアドバイスしています。

そうすると、半ば意地になって「どこのビジネススクールがいいのか教えてください」と反論される方が必ずいます。

そんな時は「どこでもいいですよ。どこでも同じことを教えてくれますから」と、再度アドバイスしています。

教科書を読んで勉強して、それで経営ができればこんな楽なことはありませんが、現実的にはそうはいきません。

「我々は学者じゃあるまいし、こんなこと知ってて何になるの？」と言いたいくらいです。我々は実務家であり商売人です。机上の空論は必要ありません。

こんなことは、ビジネススクールの講師が知っていればいいのです（ただし、我々のようなダイナミックコンサルタントは、フレームワークや専門用語は知っている必要があります。コンサルティングで使うことはほとんどありませんが）。

要するに、これらの理論は単なる理論であって、それがそのまま実務として使えるわけではないのです。

経営理論で会社の経営ができるなら、大学の先生やビジネススクールの講師は大金持ちになっているでしょう。それに倒産する会社は、この世からなくなります。

もちろん、このような理論を軽く見ているわけではありません。頭のいい人が何年もかけて作り上げた理論ですので、価値あるものだと思います。

しかし、我々は実務で生きている商売人です。また、お客様の誰もが経営理論を学んでいるわけではありません。

お客様に分かりやすい言葉でノウハウをお伝えし、そしてそれを実践してもらうことが当社の使命なのです。

それでは、コンサルタントにとって経営理論は不要かというと、そうではありません。独自のコンサルティングを行うには豊富な実務経験が必要不可欠ですが、それは理論に裏打ちされた実務経験だということです。

単なる経験であれば、経験した人によって考え方や意見が異なりますが、理論に裏打ちされていれば芯が通っていることになるからです。

お客様に学んでいただいた知識や知恵、ノウハウを、実践に落とし込んでもらうことができて初めて、売上・利益という結果を出せます。ここに、コンサルタントに実務と理論が必要な理由があります。そしてそれが、専門性と独自性のあるコンサルティングだということです。

S社のコンサルティング現場でも、これと似たようなことが起きています。

「先生、近頃はSNSを使った営業が効果的だと聞きました」

「フェイスブック広告とか、グーグル広告とかの方がいいんじゃないでしょうか」

「ホームページを充実させて、新聞折り込みチラシをいれて…」

いいですね。いいと思いますよ。でもね、あなたの会社は住宅営業の基本、お客様訪問をどれくらいしたのですか？

お客様と直接会って、お客様の願望とか悩みとかをどこまで聞いていますか。それをデータベースにできていますか？

あなたの言う、SNSやフェイスブック広告や新聞折り込みチラシは、お客様訪問ができているから効果があるのではないですか？

いかがですか。あなただったら、この問いにどうお答えになりますか？

実践するまでが課題

当社のコンサルティングでは課題（宿題）を出します。課題は実践を含みます。机上でコンテンツを理解したら、それを実践に落とし込む作業です。机上で勉強して、それを実践するまでが課題だということです。

S社の場合、この実践ができませんでした。

机上でのコンサルティングでは、皆さん分かったつもりでいたのですが「実践できていますか？」とお聞きすると、皆さん下を向いてしまいます。

S社の経営者の方はコンサルティングのコンテンツを頭で分かっていたものの、実践できないのですから、本当に分かったとは言えません。

例えば「お客様への対応は、笑顔で挨拶、丁寧な対応をしましょう」とコンサルティングでお話しします。その時点では皆さん「そうだね、その通りですね」などとうなずかれます。

ところが、です。

「実際にできていますか？」とお聞きすると、皆さん黙ってしまいます。できていないということです。

社員に浸透させ、社員が実際にできるようにならなければ、コンサルティングのコンテンツが分かったと言えないのです。課題ができたと言えないのです。

「笑顔で挨拶、丁寧な対応」なんてことは、ビジネスの基本です。マーケティングとか販売戦略とか、それ以前の問題です。

こんな簡単なことが、なぜできないのでしょう？　なぜですか？

こんな基本的で簡単なことができなくて、やれ経営理論だのフレームワークだの、何を言ってんの？　という感じです。できてから言ってくださいよ。

S社にとっては、ここがボトルネックでした。課題を実践できなければ、コンサルティングは絵に描いた餅です。


それではなぜ、S社は課題ができなかったのでしょう。それはS社の本業であり、収益の柱である土木建設業というビジネスモデルにありました。

社長はじめ経営者の方々は、土木建設に引っ張られて頭を切り替えられなかったと言います。しかし、そのようなことを言っても、社長がやらないことを社員がやるはずがありません。

そんな馬鹿なと、お思いになるかもしれませんが、これは事実です。土木建設と戸建て住宅という、全く異なるビジネスモデルが住宅部門を苦しめていたのです。

ビジネスモデルが全く違うのですから「住宅部門だけで事業を展開すれば影響はないのではないか」と思うのは当然ですし、経営理論を勉強した方や、大手コンサルファームのサラリーマンコンサルタントならこのように言うでしょう。しかし、現実的にはそうはいかないのが組織の難しいところです。

理論で考えれば、完全に分離独立させればいいということになりますが、理論と現実では違うのです。理論や理屈で会社の経営はできないのです。

3、ビジネスモデルが違えば営業戦略も違う

異なるビジネスモデルを持つとこうなる

S社の業務内容をもう少し詳しくご説明しますと、公共土木工事、民間土木工事、公共建築工事、民間建築工事、住宅建築工事、住宅リフォーム工事があります。ほかにも舗装工事、解体工事、法面工事、船舶工事もあります。いわゆる総合建設工事業です。

以前にもご紹介しましたが、企業の成り立ちは70年以上前に、創業者が土木業として個人創業し、時の経営者の努力と高度経済成長期やバブル経済期という好景気もあって会社は成長しました。

ところが土木建設不況がやってきたため、住宅建築に手を出したのです。したがって、S社の所在地であるこの地域でも住宅建築は後発です。

当然ながら、優れた住宅を作っている先発の住宅メーカーが存在します。そこを切り崩せていません。それどころかモデルハウスを6棟も作っておいて、それで集客も契約もできないのですからビジネスとして成立していません。

S社住宅部門には大変優れた住宅という製品と、それを認知してもらうためのブランドがありますが、残念ながら地元であっても全くの無名です。無名なのにブランドというの

はおかしな話ですが、一応、ブランドらしきものがあるという意味です。

なぜこうなってしまうのか、今度はビジネスモデルと管理体制の面から考えてみたいと思います。


土木建設工事はB2GとB2Bでした。一方、住宅建築はB2Cです。

B2BとB2Cの取引要件（持っているべき強み）は何だったか、覚えていますか？

土木建設は、お客様が行政であり一般の企業です。この場合、取引要件としては、技術力、納期、サービス品質です。

住宅建築は、お客様は一般消費者です。この場合の取引要件は、ブランド力、知名度、消費者心理を読む力です。

土木建設は、長年の実績から地元では地域No.1企業です。技術力も十分で、工期はもちろん必ず守ります。工期が遅れたなどという事態は、一度も起こしたことがありません。

したがって、行政や取引先企業からの信頼度はかなり高いです。

住宅建築においては、ブランド力はありません。知名度は低いです。消費者心理を読む力もありません。自社の顧客層が何を望み、何に悩んでいるのかも分かりません。

土木建設は長い歴史と経験がありますので、たとえ新入社員であっても2～3か月もすれば仕事のやり方や社内ルールを覚えていきます。これを「システムが十分に使い込まれている」と言います。また、どうしたら売れるのか、どうしたら受注できるのかの各論は、過去の経験ですでに蓄積されています。

一方、住宅建築は歴史も浅く、社員それぞれの仕事のやり方が定まっていません。「システムが未成熟」のままです。そして、どうしたら集客できるのか、どうしたら契約できるのかの各論は、これから学ぶところです。

いかがですか？ 簡単に例を挙げてみましたが、土木建設と住宅建築では、これだけの違いがあるのです。S社の経営者は、この違いを理解していませんでした。

ビジネスモデルや取引形態が違えば、営業戦略は当然異なります。それを一緒くたにとは言いませんが、いい住宅を作れば集客できて契約も取れるなどと考えるのは、虫が良すぎると言われても仕方ありません。

S社の経営者は取引形態の違いを理解したうえで、その取引要件である強みを得て、その強みを活かす営業戦略を立案しなければなりません。

S社住宅部門には、その営業戦略がなかったということです。そして、それに気が付いていなかったのです。

S社は長年地元に密着し、地元に愛され続けてきた企業ですが、それは土木建設としてのS社であり、住宅建築のS社ではありませんでした。

しかし逆に言えば、土木建設部門の知名度や信頼感を使って住宅のブランド力を上げるという方法もあります。

ビジネスモデルや取引形態の違いを理解したうえで、土木建設部門の特長を十分に使わせてもらうといった、したたかさも必要です。

こういったことに気が付かなかったのも、次にご紹介する管理体制に問題があったと言えます。

管理体制を誤るとこうなる

住宅部門のビジネスモデルや取引形態は、土木建設部門とは異なっているにもかかわらず、管理組織がB2Cになっていませんでした。住宅部門を率いる専務が土木建設部門を兼任していて、どうしても引きずられてしまうからです。

土木建設部門は歴史も実績も十分です。売上金額もS社を支えていくだけのものがあります。したがって、必然的に土木建設部門中心の管理になります。

ここで管理面について、その違いを考えてみます。

土木建設において、実際に工事をしていく上で最も大切なのは「図面」です。図面があれば職人は、その図面通りに仕事を行います。逆に言えば、図面がなければ何もできません。

積算を行うにしても図面です。そして積算をもとに見積もりを作ります。その見積もりを持って入札に行きます。落札できるか否かは分かりませんが、それが営業と言ってもいいでしょう。

公共工事についてはさらに特殊です。入札メンバーに入ることが非常に重要です。メンバーに入れたとしてもランクがあります。国土交通省の一般土木工事では、Aランク、Bランク、Cランク、Dランクです。ランクによって発注金額が異なります。もちろん金額はAランクが一番上です。

Aランクに入るには、経営事項審査（経審）の点数がよくなくてはいけません。審査は、経営状況や経営規模、技術力などを点数化します。点数が大きいほどランクが上になり、物件当たりの受注金額も大きくなります。

したがって、会社を大きくしていくには技術力を磨き、工期を守り、経営内容を健全にすることが求められます。しいて言えば、それが営業なのです。

次に、住宅部門について考えてみます。

まず、住宅部門の取引要件はなんでしたか？そうですね、ブランド力、知名度、消費者心理を読む力でしたね。

したがって営業方法は、お客様と直接会って、お客様の望みや悩みを聞くことです。それをデータベースに蓄積し、独自の住宅を作ることです。

また地元で地道に自社のPRをし、ブランド力や知名度を高めることです。もちろん、SNSやホームページや新聞折り込みチラシは必要な情報発信手段であり広告ですが、それだけで一棟数千万円の住宅が売れることはないでしょう。

土木建設部門では図面が重要でした。この場合の図面は、一般的には「紙」でできています。したがって、誰でもどこでも見ることができます。

住宅部門でも最も大切なのは図面です。

しかし、この場合の図面（お客様の願望や悩み）は、お客様の頭の中や心の中にあります。お客様の頭や心の中にある図面を見せてもらうには、お客様と直接会って信頼してもらうしかありません。

いかがですか。B2G・B2Bの土木建設と、B2Cの住宅建築とでは営業方法はまるで違うと思いませんか？ そして当然、その管理方法も違うのです。

具体的に言えば、土木建設では施工管理です。図面通りに施工できているか、安全に施工できているかに重点が置かれます。ここを怠って施工品質が低下したり、労働災害が起きたりすれば、入札停止など営業活動や受注活動に大きな悪影響を及ぼします。

一方、住宅建築では、見込み客とOB顧客の管理です。どこに自社の住宅の需要者がいるのか、OB顧客から紹介など有益な情報は得られないか、その需要者や紹介情報を探し当てる自社社員の活動に問題はないか、といったことを管理しなければなりません。

建設・住宅部門の責任者である専務は、この違いを理解して、頭を切り替えることが必要です。

しかし現実的には、土木建設部門の方が事業としては重要です。売り上げや利益は、住宅部門とは比べ物にならないくらい大きいからです。

そうすると、管理はどうしても土木建設部門が中心になり、住宅部門は置き去りになりがちです。ここに管理体制の問題がありました。

人材不足と言ってしまえばその通りかもしれませんし、育成を怠ってきたとも言えますが、ビジネスモデルの違いを、経営者がよく理解していなかった面はあります。

また仕事のやり方にも問題がありました。

通常は、○○君にはこの仕事を、△△君にはあの仕事を、と言って仕事を割り振っていると思います。実は、これは間違いです。

そうではなく、この仕事には○○君と△△君を、あの仕事には□□君と××君を、というように割り振るのが正解です。

これを、このように言います。

「人に仕事を付けるのではなく、仕事に人を付ける」

ところが、S社住宅部門は人に仕事を付けていました。もちろん、経営者の方はこのマネジメント用語を知っていました。しかし使えなかったのです。実践できなかったのです。知っているだけでは、何の役にも立たないということです。

これは「知っていることと、実際にできることでは次元が違う」を、地で行くようなものです。

住宅部門は人に仕事が付いていましたので、非常に効率の悪い、アンバランスな仕事の割り振りになっていました。

具体的には、忙しい人と暇な人が、同時に同居しているような管理体制になっていました。社員それぞれの生産性にバラツキがあったとも言えます。

これは管理者が見つけて改善する以外にありません。そのアンバランスに社員は気が付きませんし、気が付いてもそれが自分の仕事だと勘違いしているからです。

それができなければ、社員のチベーションは下がっていきます。そして、チームワークも何もない組織に成り下がるのです。

管理者不在が招く悲劇

S社は売り上げも利益も本業の土木建設に大きく依存していましたので、土木建設部門の社員は、自分たちが会社を支えているという自負がありました。一方、住宅部門は赤字でしたので、社員は肩身の狭い思いをしています。

口には出して言いませんが、ほかの部門からすれば厄介者の集団です。「早く何とかしろよ！」。こんな声が聞こえてきても不思議ではありません。

普通なら、住宅部門をテコ入れするために専任の役員を張り付けるところですが、S社の場合、そういうわけにはいきませんでした。

事実、役員の中で住宅建築を理解している人材は、建設部門を兼任している専務しかいません。しかも普段の管理は、重要な建設部門に引っ張られてしまいます。

他の役員はというと、1ミリも住宅建築のことを理解していません。ということは、管理者不在、コーチ不在ということです。

人材不足と言ってしまえばそれまでですが、そもそも中小企業に人材豊富なんて会社はありません。みんな何とかやりくりして、しのいでいるのです。

土木建設部門は長い歴史があり、システムも充分使い込まれていますが、住宅部門にとってはビジネスモデルの違いでそのシステムは使えません。

管理者不在、コーチ不在、システムなしの状態で、住宅部門の社員は彼らなりに一生懸命頑張っていたつもりでした。

しかし、結果が出ないのですからモチベーションはあがりません。どうしても言い訳や出来ない理由探しを始めます。

またコミュニケーションはうまく取れず、情報の共有もできなくなります。極端に言えば、S社の中にそれぞれ個人商店が入っているような状態です。

そうすると、それぞれが勝手に意味のない仕事をはじめるようになり、自分さえよければそれでいいといった雰囲気になります。

表面上は仲良く仕事をしているように見えますが、実は、お互いに信用も信頼もしていない人間関係になってしまいます。この様な社内の雰囲気の中で、高付加価値住宅を売ることは難しいでしょう。

前にも少しお話ししましたが、実際に次の様なことが起きています。言い訳の実例です。

S社には大いに自慢できる製品があります。総天然木ムク材を使った、木の香りがする健康住宅です。

この魅力的な住宅が売れないのはなぜか。住宅部門の社員に限って言えば、能力不足、スキル不足、やる気不足が原因です。

ところが、住宅部門の社員はそう考えていません。どう考えているかというと「住宅のデザインが良くないから」です。

S社住宅部門のライバル会社で、近隣地域に拠点を構える販売絶好調のB社があります。B社の住宅は、S社と比べて品質が落ちます。

天然木を使った住宅を作っていて、目に見える部分、肌の触れる部分はムク材を使っています。しかし、それらは品質の落ちる外国産材ですし、目に見えない部分は集成材を使っています。

外材や集成材が悪いわけではありません。住宅メーカーにとって、それらを上手に使ってコストを抑えることも重要です。

しかし、B社の住宅自体の価格（坪単価）は、どう考えても割高です。S社の住宅が高品質なのに比べてB社の住宅は品質が落ちます。ところが価格はほぼ同じです。

それではなぜB社の住宅は売れて、S社は売れないのでしょう？

S社住宅部門の社員曰く、

「うちの住宅のデザインはよくないです」

「B社の住宅は、やっぱりデザインがいいですよね」

「うちも、あんなデザインの住宅があったらなあ」


これでは、いくらいいデザインの住宅を作っても売れませんね。

百歩譲ってデザインがよくないというならば、ターゲット層に届くようなデザインに変更すればいいわけです。モデルハウス自体をデザイン変更するのはかなり困難ですが、内装を変えることくらいならできるでしょう。

「具体的にB社の住宅デザインと、どこがどのように違いますか？」とお尋ねしても「何か違うんですよね」の返答。

こうなると、もう感覚的な違いであって、論理性は全くありません。ほとんど「売れない言い訳」です。どの部分のデザインを、どのように変えればターゲット層に届くのかの議論は一切ありません。

これらは直接的に言えば、社員を管理する人材、コーチする人材がいないことが要因であり、そして、そのシステムがないのが原因です。

しかし真の原因は、B2Cビジネスに不可欠な取引要件を経営者が理解していなかったこと、取引要件の要素である「住宅部門が持っているべき強み」を獲得するしくみを持っていなかったこと、モデルハウスを活用した営業戦略を立案していなかったこと、と言えます。

「組織は戦略に従う」と言います。モデルハウスを活用して売り上げを上げるためには、営業戦略に合った組織、営業戦略を下支えする組織を構築することが必要不可欠です。

本書は組織論をテーマにしていませんので、この本の中では詳しくご説明しませんが、S社住宅部門においては、営業戦略とは別の問題点、課題がはっきりしています。

S社は儲かるための導線を設計するとともに、この課題に取り組みました。

加えて、第4章でご説明する「判断・決断力」「ショールームを回す」「しくみ作り」についてチャレンジし、その結果、成功したのです。

これらによって、この後、S社は大きく飛躍することになります。

第4章

小が大に
打ち勝つための具体策

小が大に打ち勝つための3大要素

資本力が小さくてもショールームが小さくても、大企業に負けないくらいのビジネスを行うことは可能です。

この場合の「負けない」というのは、規模のことではありません。規模が大きいということは、やれることが大きくなるだけのことで、ビジネスの根幹とは関係がありません。

ここでは自社でビジネスを回し、独立中小企業として大企業に依存しないで事業を行うことを意味します。いわゆる「生殺与奪権を渡さない」企業として、大企業と堂々と渡り合える経営者になるということです。

そのためには経営者として何が必要か、何をどのようにすべきか、そこのところを皆さんと考えていきたいと思います。

題して「小が大に打ち勝つための3大要素」です。

これからお話しする3大要素は、経営者、特に社長がよく理解し実行できなければなりません。ほかの役員とか、ましてや社員は関係ありません。

社長自身が「判断・決断」し、「しくみ」を作り、メリットを理解したうえで「ショールームを回す」のです。

第3章でお話ししたS社は、この3大要素を巧みに取り入れ、大きく飛躍しています。

したがって、ショールームを持つすべての経営者の方に考えていただきたい重要な要素ですし、ショールームとは縁がないと思っている経営者の方にも大いに参考になります。

大切なお話です。先を慌てないで、先ずは、じっくりお読みください。

1、小が大に打ち勝つための判断力と決断力

いい事は分かっていても決断できない

みなさんは、いい事は分かっていても決断できず、チャンスを逃してしまったことはありませんか?

こんなことをやったら役員は何と言うだろうか。社員はどんな反応をするだろうか。そんなことを思いめぐらしているうちに、チャンスは目の前から去って行ってしまった。そのようなことは、長い経験の中で一度や二度くらいはあるでしょう。

経営者は常に孤独です。もちろん周りに役員はいますし、参謀役や右腕と称される人はいるでしょうが、最後に決断するのは社長のあなたです。ほかに決断できる人はいませんし、してはいけません。

決断して、チャレンジする勇気と覚悟がなければ社長は務まりません。それがなければ社長を降りればいいだけのことです。

T社は中部地方に拠点を構え、ホームセンター、リフォーム業を本業とする地元の中小企業です。

本店は人口一万人程度の、少し不便な地方の町にあり、ショールームは本店と大都市圏にあります。

もちろん、ビジネスとしては人口が多い大都市圏が有利ですが、本店のある地域は創業の地でもありますので大切にしています。

大都市圏では人口も多いですが、ライバルも多いです。

一方、本店がある地域では、人口が少ないので需要も多くありません。しかし、その分ライバルも少ないです。というより居ませんでした。数か月前までは。

当社がT社にお邪魔する数か月前、大手家電量販店が、この小さな地方の町に進出してきました。

この家電量販店は住宅リフォームも請け負います。したがって、完全にT社のライバル関係にありますが、企業規模は比べ物になりません。

これまで創業の地で地域密着企業として需要を総取りしてきたT社ですが、もうこれからはそうはいきません。熾烈な受注競争が予想されます。

怖いのは、そういった受注競争や価格競争に巻き込まれることだけでなく、ビジネスとしてやっていけるかという懸念さえあります。

ホームセンターは仕入れた製品を販売するだけですから、売り上げが下がるとか利益が下がるというだけで済みますが、リフォーム事業はそうはいきません。

リフォームの工事自体は外注企業（下請け）に依存しており、これまでライバルがいなかったことで、外注企業は否応でもT社の仕事を請負わなければなりませんでした。

ところが、大手家電量販店が進出してきたということは、外注企業にとっては請負先を選ぶことができる状況になったのです。

ということは、受注競争や価格競争だけでなく、外注企業の争奪戦にも巻き込まれることになったのです。

外注企業のほとんどは、これまでT社にお世話になっているので、T社を優先すると言ってくれてはいますが、いざとなればどうなるか分かったものではありません。当然、工事単価の高い方に流れます。

もし外注先を大手家電量販店に取られることがあれば、T社はリフォーム工事を請け負うことが出来なくなります。

他の地域から外注企業を連れてくるとか、自社で施工できるように体制を整えればいいのではないかと思われるかもしれませんが、そうは易々と問屋が卸しません。

外注企業はそれぞれ元請け企業の仕事を抱えていますし、無理に連れてこようとすれば発注金額はおのずと上がります。普通とは逆の意味で価格競争にさらされるわけです。

また自社で施工体制を整えるということは、人材確保から教育、実務経験、資格取得など、気の遠くなるほどの時間と費用が掛かります。

加えて、常に受注しつづけなければ社員の給料を払えなくなります。給料を払うために安値受注する。時には赤字でも受注する。こんなことを繰り返さざるを得なくなります。

建設業、リフォーム業は、いかに外注企業（下請け）に支えられているかお分かりになるでしょう。外注企業の良し悪しで、施工品質が決まってしまうこともあるのです。

さて困ったということで、T社では役員会議が開かれました。今後の対応をどうするかというのが主な議題です。

ところがこれまで「こんな小さな町に、大手の競合店が進出なんてしてこないだろう」と高をくくっていたため、対策を全くしてきていません。

ショールームが汚かろうと、接客がぞんざいであろうと、お客様からすればT社しかないのですからT社に依頼するしかありません。交通が不便な小さな地方の町という立地が幸いしていたのです。

役員会議を何度も開催しましたが、具体的な解決案は出ません。当たり前です。これまで考えたこともなかったからです。ウンウンとうなっても、いい意見はさっぱりです。

そこへある役員が「社長、ネットでこんな本を見つけました」「読んでみたらどうでしょう」という話を持ち込んだのです。

社長は当社の前著を読み、気に入っていただきました。そして、ホームページで近々にセミナー開催予定があるとお知りになり、月末のお忙しい中、公開セミナーにお越しいただいたのです。

このような経緯でT社の社長とはご縁ができました。

ここから、普通では考えられないようなドタバタ劇が始まります。

コンサルタントをやっているといろいろな方にお会いしますし、いろいろな出来事がありますが、今回は少しばかり驚きました。そのお話です。

ショールームは大小ではなく、独自性と専門性で作る

T社社長は、当社のセミナーをずいぶん気に入っていただきました。セミナー終了後、会場でしばらく立ち話をしたのですが、是非とも会社に来て役員の前でもう一度セミナーをやってほしいとご依頼を受けました。

この時点で若干変だなとは思いましたが、よほど気に入ってくれたと、いい方に解釈しました。そして後日、T社本店事務所にお伺いすることになったのです。

中部地方の、ある新幹線の駅で待ち合わせです。初夏のさわやかな空気を肌で感じながら、迎えに来てくれているはずのT社社員の姿を探しています。キョロキョロとしているのを目ざとく見つけたその社員は「細井先生ですね。おまちしていました。さあこちらです」と車に案内してくれました。

車の中で軽くあいさつした後、T社の概要をお聞きしました。

やはり大手が進出してきたことで、社内はピリピリした雰囲気であること。その割に、一部の社員はのんびりしているように見えることなどを話してくれます。

実際、大手が進出してきたとは言いながら、リフォーム事業はまだ本格的に始動していないこともあり、T社の業績に大きな影響が出ているとは言えません。そんなこともあっ

て、ピリピリとした雰囲気と、のんびりした雰囲気が同居している状態です。

さて、本店に行く前に、大都市圏にある水回りのショールームを拝見しました。平日の昼間だけあって、お客様はいません。がらんとしています。

それもそうですが、ショールームに特長がありません。水回りメーカーのショールームを、少しコンパクトにしたようなショールームです。それでも中小リフォーム店としてはソコソコの規模です。

キッチン、システムバス、洗面化粧台、トイレ、給湯器など、一通りの展示物はあります。ありますが、あるだけで、お客様に何をアピールしたいのか、どんな価値を提供したいのか、さっぱり分かりません。

中小のリフォーム店が、特長を出さずに受注競争を勝ち抜いていけるとでも思っているのでしょうか。独自性や専門性があるわけでもなく、お客様の関心ごとをくすぐるような表示もなく、何かごく普通のショールームです。

先ほどご説明した通り、このショールームは大都市圏にあります。そのため需要は多いものの、その分ライバルも多くいます。したがって、何か特長を表現しなければ埋もれてしまいます。

製品自体はライバルのショールームも同じですので、例えば、施工技術とかサービス品質とか、来館者の興味や関心を引くようなコピーとかで勝負しなければなりません。しかし残念ながら、そのような表現はショールームに見当たらないのです。

ただまあ、多くのリフォーム店はこのようなショールームを作っています。T社だけではないのです。だから当社のビジネスが成り立っているとも言えますので、何とかしたいという思いが、ふつふつと湧き上がってきました。

大都市圏にあるショールームから車で走ること一時間、本店につきました。目の前に大手家電量販店があります。T社とは規模が違います。

「いや〜、こりゃあ本当に目の前ですね。影響はありませんか?」。本店に着くなり社長と再会のあいさつもそこそこにして、こんな話を始めました。

販売している製品は基本的に違うし、客層も違いますので、いまのところ大きな影響はありません。しかし、一部の販売製品はかぶりますので、やはりホームセンターへの影響はあるようで、売り上げは少し落ちています。

それでもありがたいもので、T社の固定客が大勢いますので、今のところ大きな問題にはなっていないようです。しかし、今後じわじわと影響が出てくるはずです。

リフォームについては、大手はまだ本格始動していませんので影響がありません。しかし、こちらも今後、大きな影響が出るものと思われます。

当社は小売りの専門家ではありませんので、ホームセンターのビジネスにアドバイスはできません。しかし、水回りのショールームを活用して事業展開しているリフォーム業であれば、得意とする専門分野ですので十分お役に立てると考えています。


そこでホームセンターはさておき、本店ショールームを見せていただきました。見た感想は「ン〜、残念」という感じ。

このショールームでは売れません。いいところは、どこにもありません。いいところどころか、悪いところばかりが目立って仕方ありません。

例えば、展示品は展示してあるだけ。照明は暗く、壁に穴が開いている。梱包状態のままの出荷前製品や掃除道具が見えるところに置いてある。こんな状態です。

これでどうやって商談するというのでしょう。ショールームは本物の見込み客を集客して、そこで商談して、契約をとるための営業戦略のキーデバイスです。

社長と一緒にショールームを見て回りながら、どこがダメなのか、とりあえず社長に指摘しました。社長は隣でウンウンとうなずいています。分かっているのかどうなのか、表情からは読み取れませんが、指摘だけはしておきたかったのです。

個別出張セミナーに来たのですから、何もそこまでしなくてもいいと思えますが、見ておくことでセミナーの内容に少し組み込めるのではないかとの思いもあります。

もちろん、セミナーの内容の軸自体を変更することはありませんが、個別出張セミナーの場合、お客様の事情に合わせてセミナーの内容を変えられますので、よりリアルにお聞きいただけます。

T社においても、ショールームを見学したおかげで少しだけですが、セミナーで課題を提示することができました。T社にとっては参考になったことでしょう。

経営判断に社員は関係ない

当社の経験では三代目社長に多いような気がしますが、社長自ら判断せずに周りの意見を聞いて、という方がいます。もちろん意見を聞くのは構いませんし、参考にするのも構いません。例えば役員に相談するとか、社員アンケートをとるとかです。

しかしそれは、経営戦略に関係のない、営業・業務における実務に関してアンケートをとるのであって、社員に経営戦略や営業戦略を聞いても仕方ないのです。また戦略を立案するのは役員であっても、決定するのは社長だということです。

なぜかと言えば、自社ビジネスの構造を熟知しているのは社長であり、だからこそ戦略を立案できるからです。

一方、社員は一般的に、働き手としての自分の立場でしか考えません。ビジネスの構造的なことや、本当の問題点・課題と言ったコアな部分は分かりません。したがって、経営判断は社長にしかできないのです。

よく「朝令暮改」と言います。朝に命令したことを夕方には変えてしまう。指示したことをコロコロと変えてしまうことを言います。この朝令暮改を極端に避ける社長がいます。

「うちの社長、また指示を変えたよ」

「まったく、朝令暮改だもんな、うちの社長は」

「いい加減にしてほしいよな。振り回される、こっちの身にもなってくれよな」

こんなことを社員に陰で言われるのが嫌で、指示を出さなかったり、訂正すべき指示を直さなかったりする社長もいます。これは間違っています。

社長ほど会社のことを考えている人は他にいません。役員ですら考えていません。ましてや社員が会社のことを考えて仕事をしているなんて聞いたことがありません。

社長は会社の経営に命を懸けています。銀行から個人保証をとられ、いざとなれば全財産を失うのです。

社長は代表取締役です（そうでない場合もありますが）。会社を代表しているのです。その社長が決めた経営方針を、誰が文句を言うというのでしょう。正しいと思った判断を変えて、どうしていけないのですか。

判断を変えないで間違ったまま進んだらどうなるのでしょう。社員はそんなことを考えていませんよ。朝令暮改なんて当たり前です。

営業戦略、経営戦略に社員の方は関係ありません。社長が判断・決断して、社長が責任をとればいいのです。それが社長の仕事です。そういう意味で言うと、T社の社長は間違っていました。

それではT社社長が、何をどのように間違えていたかをお話しします。

セミナーを終えて数日後、社長は社員にアンケートをとりました。


「セミナーを聞いての感想」

「コンサルティングを導入すべきかどうか」

「導入した場合、商談型ショールーム営業法を実施する自信はあるか」


このような内容です。

みなさん、どう思いますか。適切な内容のアンケートだと思いますか？またアンケート自体が適切だと思いますか？

商談型ショールーム営業法は、簡単に言えば、ショールームを活用した営業戦略です。その営業戦略を立案するお手伝いをするのが、当社のコンサルティングです。

社運を賭けた営業戦略を立案するかしないか、立案してそれを実行できるかどうか、などということを社員に聞いてどうするというのですか。

どうやらアンケートの結果は「コンサルタントに依存しないで、社長や役員の人たちが自ら考えて実行すべきだ」という回答がほとんどだったようです。

この結果を受けて、社長は当社に「先生、どうしたらいいでしょう?」とお尋ねになりました。

当社は、それに答えて「社員の方が反対しているようですから、コンサルティング導入は見送りましょう」としました。

この対応は、ビジネスの観点からすると間違っているかもしれません。

しかし、社長が自身で判断・決断できないのであれば、コンサルティングを導入してもうまく行くはずもありません。

また社員の方たちも反対しているのですから、導入してうまく行かなければ「そら見たことか」と言われるに違いありません。これでは社長の立場がありません。

このようなやり取りがあって、結局、コンサルティングの導入はなくなりました。それでよかったと思っています。

その後のT社の情報はありません。いや、一つだけあります。どうやら、たこ焼き屋をホームセンターの前で始めたというのです。

たこ焼きでお客様を呼び込んで、ホームセンターの売り上げやリフォームの受注を増やそういう計画だそうです。

それがどのように機能しているかは分かりません。うまく行っているのかもしれませんし、そう願いたいのですが、ここでも間違いを犯しています。

たこ焼き屋はあくまでも戦術です。戦術ですべてを解決できません。ビジネスの成否を決めるのは戦略です。そう言う意味ではT社の対応は場当たり的ですし、根本的な解決にはならないでしょう。

野球で例えるなら、選手をどのように育成するのか、補強はどのようにするのか、コーチ陣をどのようなメンバーにするのかが戦略です。

一方、当日の試合で言えば、どのピッチャーを先発させるのか、どの野手を使うのか、打順はどうするのか、相手チームに合わせて決めるのが戦術です。

戦略は監督とフロントが、戦術はコーチの意見を聞いて監督が決めるものです。それ以外に決められる人はいません。

どうか皆さん、勇気と覚悟を持って判断してください。決断してください。そしてチャレンジしてください。決められるのは、あなたしかいません。

朝令暮改を恐れてはいけません。あなたほど会社のことを思っている人は、他にはいないのです。

判断しない事、決断しない事、間違った指示をそのまま続けてしまうことの方が、社員にとっては迷惑なのです。

社員をまとめられないのは、社長にその力がないからではなく、社長が判断・決断しないからです。社長が勇気と覚悟を持って判断・決断すれば、社員はついてきます。

T社社長が、判断も決断もしなかったことが、どのような結果をもたらすかは分かりません。しかし、戦術だけで小が大に打ち勝てるとは到底考えられません。

T社の健闘を祈るばかりです。

2、小が大に打ち勝つための「しくみ」作り

社員の尻を叩く人材が欲しい

梅雨時の、いまにも降り出しそうな空を見上げながら都会の高層ビルの谷間を歩いていると、時折涼しい風が吹き抜けます。それでも湿度が高くムシムシしているので、すでにシャツは汗でびっしょりです。

今日は、音響機器を作っているメーカー、M社での個別出張セミナーの日です。

随分以前からクールビズが社会に浸透していますので、ネクタイや上着はなくてもいいのかもしれませんが、何せ初めてお会いする社長なので、そこはきちんとしたほうがいいだろうと思ってスーツ姿です。

気候が良い季節であれば周りの景色を楽しみながら歩くところですが、こんなに蒸し暑くては息も絶え絶えです。

上着を着ていることを若干悔やみながら歩くこと十数分、ようやく目的の会社につきました。受付で用件を話し、セミナー会場に通してもらいました。そして早速セミナーの準備です。

セミナーはM社のショールームで行います。それほど広くはありませんが、製品がいく

つか展示されています。明るい雰囲気ですし、外の通りからもよく見えて感じのいいショールームです。

「小ぢんまりしているけど音響機器メーカーの特徴が出ているし、これ、上手に使えば見込み客はかなり集客できそうだな」などと勝手に想像していました。

そうこうするうちに、社長と役員の方々がお見えになりましたので、挨拶をして定刻通りセミナーを開始しました。

セミナーの講義は、いつものように始まり、いつものように終わりました。

お客様に合わせて若干内容を変えますが、基本的なところは同じです。したがって、取り立てて変わったところはありませんでしたが、実は、大いに変わったことが講義の後に起きました。そんなお話をしたいと思います。

それは講義が終わった後の、質疑応答の時間に起きました。

個別出張セミナーは、ほかのお客様がいません。当該のお客様のみです。しかも、会場はお客様の会社です。ということは、セミナー会場に時間制限がないのと同じです。

「先生、ちょっとこれを見てください」と言って、社長はプロジェクターを使って組織図を映し出しました。何が始まったのかよく分かりませんでしたが、どうやら組織構造を説明しているようです。

営業社員は何人いて、それぞれどの地域を担当していて、ノルマ（売上目標）はいくらで、といったことも話してくれます。

「何でこんなことを話すんだろう？　今の時間は質疑応答の時間なのに」と思いながらも、まあ、しばらく聞いていました。しかし、なかなか終わる雰囲気はありません。

「すみません、社長。これは何の説明ですか？」とお聞きすると、ようやく本題に入ってくれました。その本題というのがこんな話です。


「ノルマを課しているが、そのノルマを達成できる営業社員がいない」

「ハッパをかけているが、すぐに効かなくなってしまう」

「売り上げの7割は、自ら（社長）が集客して契約したものだ」

「大手企業に負けない営業力を持った営業社員が欲しい」

「どうやって社員の尻を叩けばいいか分からない。社員の尻を叩く人材が欲しい」


これを聞いて頭の中が？マークでいっぱいになりました。社長はいったい何を言っているのだろう？　どんな意図でこんな話をするのだろう？

社長は続けてこう言います。

「うちの会社には営業や販売のしくみはある」

「しくみはあるが、社員がそれをうまく使えない」

「しくみを社員が使えるようにしたい」

ますます分からなくなって、しばらくポカンとしていました。

しばらくして、我に返って「なぜ社長はこのような話をするのだろう？」と考えてみました。何か試されているのか、それともとぼけているのか。

しかし社長の顔を見ても、ほかの役員の方の顔を見ても冗談のようには見えません。何かの間違いだろうと思うようにして、その場をやり過ごしました。

「しくみ」とは、社長がいなくても会社が回ることである

しくみというと何か難しそうな話ですが、そうでもありません。物事の組み立てとか、うまく行くように工夫をすることを言います。

もう少し詳しく言うと「属人性を排除して、いつでも、どこでも、誰がやっても同じ成果を出せる方法」のことです。

例えば、フランチャイズチェーンの飲食店と言えば分かりやすいでしょうし、分かりやすい典型と言えます。

この場合、ルールとかマニュアルと勘違いしてはいけません。しいて言い替えるとシステムです。

解釈の仕方はいろいろあると思いますが、当社が「しくみ」と言う場合は、このように考えています。実例でお話しします。

もうずいぶん昔のことです。実は、某ドーナツ店でアルバイトをしていた経験があります。とても有名なドーナツチェーン店です。

その店は、レギュラーと呼ばれる正社員が数名とアルバイトが多数いました。その頃は24時間営業が当たり前でしたので、正社員だけでは店が回せず、アルバイトが勤務スケ

ジュールを埋めていました。もちろんアルバイトの方が、人件費が安いということもあったでしょう。

その店は小さな店舗でしたが、近くに行政機関や大型スーパー、飲食店などもありましたので、とても流行っていました。平日は２～３人、休日は３～４人のスタッフで営業しています。

当時は今と違って、店内でドーナツを作っていました。フラワーと呼ばれるドーナツの粉を、水や卵を加えてミキサーで練り、マシンカットやハンドカットしてフライヤーで揚げるのです。

ドーナツの種類によってフラワーは異なりますし、加える水や卵の量も違います。温度管理も種類によって様々で、夏は氷で冷やして、冬はお湯で温めてミキサーにかけます。ミキサーのフック（回転させる錨のようなもの）もドーナツの種類によって違いますし、回転数も回転させる時間も違います。

他にも、ドーナツを揚げる時間、油の温度や量の管理、イースト菌の発酵温度・湿度管理など、挙げだしたらきりがないくらいです。

ドーナツを作る人をベーカーと呼び、店頭で接客する人をセールスと呼びます。男性のレギュラーは全員ベーカーです。女性のレギュラーは基本的にセールスです。

ベーカーは店頭で提供するドーナツをすべて一人で作ることができますので、まるでドーナツ職人です。

店の営業は24時間を3交代で回します。レギュラーは数名しかいませんので、どうしてもアルバイトだけの時間帯ができます。

「アルバイトしかいない時間帯にドーナツが売り切れたらどうするの？」と言いたいでしょうが、心配ありません。アルバイトでもすべてのドーナツを自分一人で作れますし、販売もできます。これはドーナツの製造・販売が、全てルール化、マニュアル化されているからです。ルール通り、マニュアル通りにすれば、一定の品質のドーナツを作れるのです。

ただしなんでもそうですが、個人的な技術の差は、やはりドーナツに現れます。これだけは、経験を重ねて努力するとかセンスの問題とかになってしまいます。

「アルバイトでもドーナツを製造・販売することができる」。これはルールとかマニュアルです。

一方、**「アルバイトを使って儲かるようにする。レギュラーがいなくても、社長がいなくても、店が回る状態になっている」**。

これが「しくみ」です。

みなさんは儲かるしくみを持っていますか？　社長がいなくても会社が回るようにしていますか？

「しくみ」がないから社員の尻を叩く

今、ドーナツ店の例でお話しした意味で言えば、M社の社長は何か勘違いしています。また社員の尻を叩かなければいけないのに、なぜ、しくみがあると言えるのでしょう。

社長自ら営業して契約をとる会社が、なぜ、しくみがあると言えるのでしょう。

ドーナツ店の例でお話ししたように、しくみがあるとは、社長がいなくても会社が回っている状態のことを言います。

ということは、M社にはしくみがないのです。しくみがないから、当社のセミナーをお聞きになったのです。聞いて、何かしらヒントを得たいと思ったのです。

そうではなく先ほどの社長の発言が、例えば「参謀役が欲しい」というならば話は分かります。大手企業と渡り合うだけの戦略・戦術を練るのに、アドバイスをしてくれる人がそばにいてほしいとか、社員とのパイプ役を担ってほしい、とかなら分かります。

しかし、そうであれば当社のセミナーを聞く必要はありません。

当社のセミナーは、導線の中心にショールームを据えて、そのショールームで商談をすることにより契約を目指すという内容のものです。そして、その営業のしくみをお話しするセミナーです。

これに組織戦略を加えて、商談型ショールーム営業戦略の、しくみのヒントを得るためのセミナーです。そういう意味では、M社の社長は何か勘違いをしていると申し上げたのです。

当社はコンサルティングで「人を管理するな。システムを管理せよ」と申し上げています。人を管理しだすと、社長はいくら自身が優秀でも管理しきれません。体がいくつあっても足らなくなります。そうすると何を考えて、何をやりだすかというと、警察を雇って管理しようとします。

警察と言っても、何も本当の警察ではありません。社員の中から自身が信頼できる人物を選んで、スパイのような役目を言い渡すのです。

それが他の社員に知れると、社員は疑心暗鬼になり本当のことを話さなくなります。本音を話して社長の耳に入ったら、どうなるかと思うと萎縮してしまいます。

さもなければ、社員を性善説として扱うしかありません。性善説とは、人はもともと善い人間であるという考え方です。そうすると社員は野放しになり、管理されていない状態になるのです。

そうではなく、システムを管理することが重要です。システムの管理とは、ドーナツ店の事例でお話しした、いわば「しくみ」のことです。

システムを管理することで、社長は煩わしい管理から解放されます。管理も単純になって、目の前のやっつけ仕事から解放されます。そうすれば社長は経営に専念できます。社長が経営に専念できれば売上・利益は上がり、会社は成長します。

社長が望む、大手企業に対抗できるだけの製品もできるでしょうし、販売力も身につくでしょう。しかし、現実的にはそうなりません。

中小企業が中小たるゆえんは、この「しくみ」がないからです。営業・業務が全て属人的であり、システマチックになっていないことが原因です。

社長は目の前のやっつけ仕事に血眼になり、現場に降りて行って「何やってんだ、早くやれ！」とか、「これどうなってんだ、ちゃんと報告しろ！」などと怒鳴っています。まさにM社の社長が、普段、社員にハッパをかけているのと同じです。

もちろん、社長が現場を知ることは大切です。なぜならば、問題も問題解決のヒントも現場に落ちているからです。

しかし、そうだからと言って社長が現場に張りついてガミガミ言っていては、社員は迷惑ですし、何より社長の本来の仕事である経営をすることができません。

社長はしくみを作ってください。そして経営をしてください。

小が大に打ち勝つためには「しくみ」が必要です。

今になっても、セミナーでの出来事はよく分かりません。ただM社の社長は、しくみの本当の意味を取り違えていることだけは間違いないようです。

ちなみに、コンサルティングのご依頼はありませんでした。

それはそうですよね。こちらは商談型ショールーム営業法のしくみづくりをお手伝いするコンサルティング。

M社の社長が欲しいのは社員の尻を叩く人材。

どう考えてもお互いの条件がマッチしません。このような場合は、仮にご依頼があってもお断りしています。コンサルティングをしてもミスマッチになってしまい、お互いに不幸になるからです。そもそも、この場合はコンサルティングにはならないですよね。

3、小が大に打ち勝つためのショールームの使い方

そもそも、何故あなたはショールームを作るのか？

「なぜ、あなたはショールームを作るのですか？」。第1章でも同じような質問をしました。どうでしょう、お答えになれるでしょうか？

ショールームがあこがれだという方は、それはそれでいいでしょう。

しかし、そこには何かメリットというか、漠然としながらも、あったほうがいいと考えているのではないでしょうか。そこが明確になっていないために「え〜っと…」ということになるのです。

ここまで本書をじっくりお読みいただいた読者の方は、こんな風にお答えになるかもしれません。

「導線設計のためにはショールームが必要だから」
「ショールームで商談するため」
「ショールームがあれば三種の仕掛けをしかけられて、集客率と契約率が上がるから」

このようにお答えになった方、素晴らしいですね。その通り、正解です。よく本書をお読みいただいています。

これはこれで正解ですし重要なことですが、もう少し違った視点で考えてみましょう。質問を変えてみます。


「なぜ、あなたはショールームを使うのですか?」

「ショールームがあると何がいいのですか? メリットは何ですか?」

「商談型ショールーム営業法の成功のポイントは何ですか?」


多分きっと、何をどう答えていいか分からなくなっていることでしょう。もしくは「同じことじゃないの?」と反論する方もいるでしょう。

同じような質問に聞こえるかもしれませんが、ここには重大な事実が隠されています。

それは、**戦術的な視点と戦略的な視点の違い**です。

導線設計のため、商談のため、三種の仕掛けをしかけて集客率と契約率の向上のため、というのは戦術です。

これまでご説明してきた通り、これらの戦術は非常に重要です。したがって、くり返し表現を変え、事例を示しながら本書でご説明してきたのです。

しかしながら、ビジネスは「戦術3割、戦略7割」です。すなわち、戦術よりも戦略の方がずっと重要だということを示唆しています。戦略なしで戦術を仕掛けても、目的・目標は達成できないと言ってもいいでしょう。

それくらい戦略というのは重要なのです。

さてそれでは、その戦略とは一体何か？　ショールームの戦略的な使い方についてご説明しましょう。

ショールームの戦略的な使い方

本書では「ショールームは優秀な集客装置であるが、それだけで集客も契約もできるわけではない」「装置というものは、人間が使いこなしてこそ力を発揮するものだ」と申し上げてきました。

それでは、どのように戦略的に使いこなすかということです。それは、このように表現できます。

「自社が優位な立場で、攻撃的営業手法でショールームを使う」

これだけでは意味が分からないでしょうから、ご説明します。

ショールームは所有する持ち方もありますし、所有しない持ち方もあります。すなわち所有していても、していなくても「持っている」ことが重要です。所有しない持ち方というのは「借りる」とか「展示会に出展する」とかです。

借りたり展示会に出展したりする場合は、貸主や展示会主催者とのパートナー関係が重要になります（ただし、展示会については自主開催が大原則です）。

自社で所有している場合は、自社の都合でどのように使うこともできますが、所有していない場合は、パートナーとの関係を良好に保ち、常に優先的に使えることを前提条件にしています。

さて、自社がショールームを自由に使えるということは、イベントを自由に開催できるということです。一年中、平日であろうと休日であろうと、どんな時間でも、どれだけ長く使おうと自由です。これは自社にとって、非常に優位な立場であることに間違いはありません。

営業社員は、いつでもショールームに集客でき、尚且つ、そこで商談ができるというメリットを持っているのです。

「ショールームに集客さえすれば、後はアドバイザーが何とかしてくれる」といった、多少、他力本願的ではありますが、気楽さも持ち合わせることができます。

したがって、受け身の営業ではなく、積極的な営業が可能になります。

この優位性や積極性を利用して、次々とイベントを開催してください。

開催すると言っても、ただ漫然と開催していては意味がありません。開催ごとにテーマを決めるのです。

例えば、今回は機械工具とか、次回は建設機械とか、その次はマテハンとか、なんでもいいです。自社の製品やサービスとか、取り扱い製品の中から選べばいいのです。

―ここで少し捕捉します。―

本来、テーマとは形のないものであり「楽しさ」とか「便利さ」とか「効率化」とかいったものです。したがって、ここでは本来とは違った意味で使っています

そして、そのテーマごとに見込み客がどこにいるのかを探るのです。

どのように探りますか？　そうですね、絞り込み営業で探ってください。

次々にイベントを開催して、その都度テーマを変えていけば、テーマに沿った見込み客が、どこに、どれくらいいるかが分かるようになります。

仮に、イベントで思ったほど集客できなくても、見込み客情報が入手できることは非常に大きなメリットです。

さらに、仮に集客できなくても、導線のどこに問題があったのかを検証し、次回に生かすことができます。

以上のようなことを勘案すると、ショールームは必ず「持っている」ことが重要になります。

そしてもう一つ重要なことは、**イベントは「企画」の勝負**だということです。2坪のショールームでイベントを成功させるためには企画が命です。

みなさんはショールームを持っているという優位性や、積極的な営業によりイベントを開催します。この時に企画を立案しなければなりません。企画をしなければ、何かふわっと始まって、ふわっと終わってしまいます。

この企画（書）がことさらに重要です。企画立案抜きでイベントを行っても成果は出ませんし、結果の検証もできないからです。

すなわち**企画書抜きではショールームが武器にならないということであり、逆に言えば、ショールームと企画書がセットであれば大きな成果が見込める**ということです。

ここにはショールームの大きさも立派さもありません。ショールームを「持っている」ということと、イベントを戦略的に行うということだけです。ショールームは小さくても構わないのです。

この企画書のことを、当社では「**BS企画書**」と呼んでいます。

商談型ショールームイベントの企画書のことで「ビジネスショールームイベント企画書」の略です。

ＢＳ企画書については、当社がおすすめする標準形はあるものの、各企業それぞれの考え方で作っていただいています。Ａ４用紙２～３枚だけという企画書もありますし、パワーポイントで数十ページという企画書もあります。その辺は自由ですし、決まりもありません。

ただし、ＢＳ企画書に盛り込むべき基本的な要素がありますので、ここを外すと企画書として役に立たなくなります。また何度イベントを開催しても成果が出ないといった、大きなしっぺ返しを食らうということになります。

さらには、より効果的な要素というものもありますので、実際のコンサルティングの場では、この辺りを丁寧にご指導させていただいています。

ＢＳ企画書は、皆さんに多くの時間をかけてお作りいただいています。中には、３か月かけたという方もいらっしゃいました。

それくらい企画書は重要であり、企画書しだいでイベントが成功するか失敗するか、極端に変わってくるということです。

このあとのページに、当社がご指導させていただいたクライアント企業が作成した、実際のＢＳ企画書の写真を載せていますのでご覧ください。

ただし守秘義務がありますので、一部モザイクで加工してあります。ご了承ください。
なおBS企画書についてご興味のある方は、当社ホームページ（コンサルティングの方針と特徴）をご覧ください。

https://buffalo-consul.com

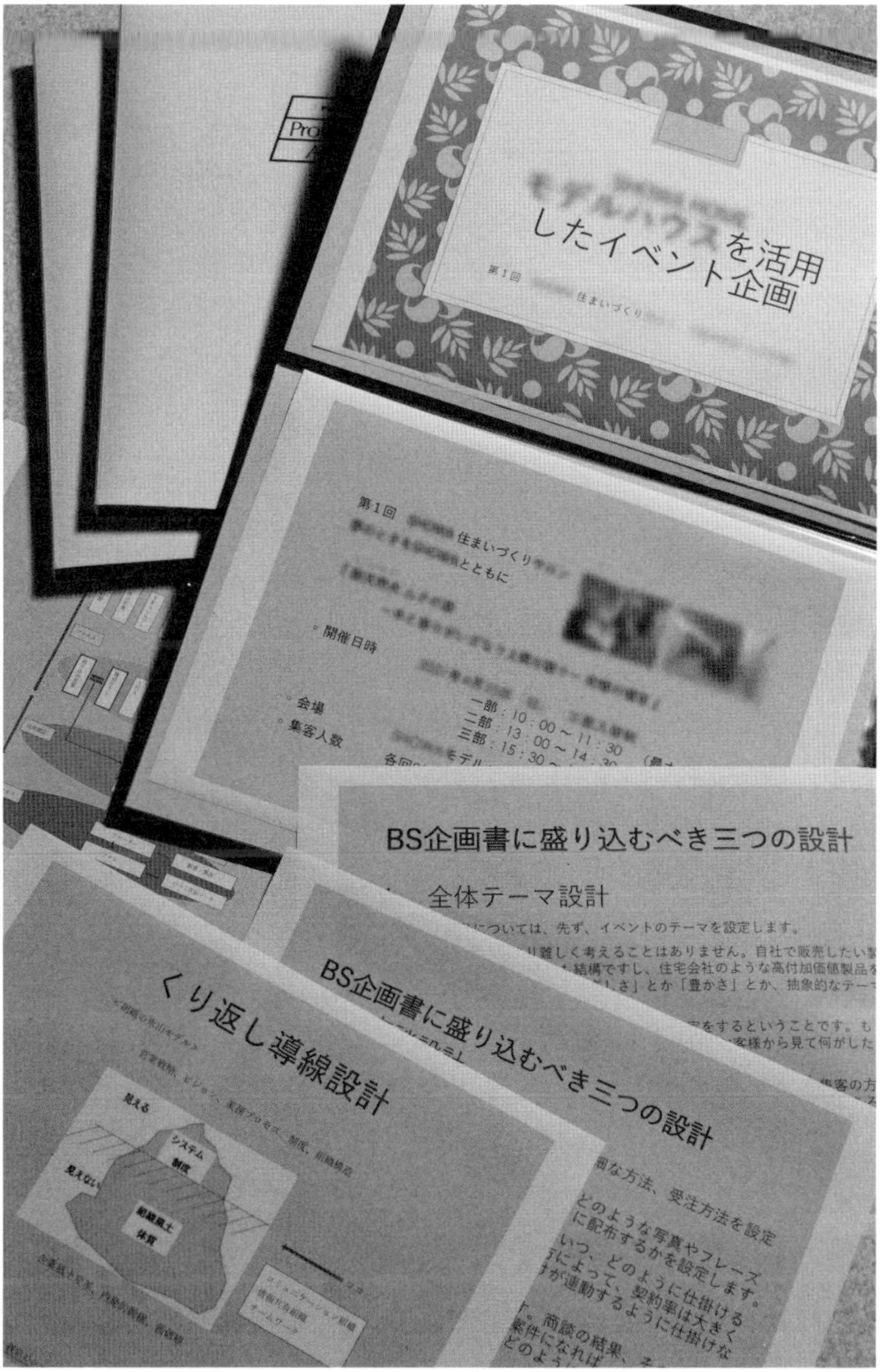

当社クライアント作成のBS企画書（標準B4サイズ）

ＢＳ企画書に盛り込むべき三つの設計

ＢＳ企画書には盛り込むべき要素が三つあります。この三つは基本的かつ重要な要素ですので、どれか一つでも欠けると企画書としては意味を成しません。それればかりか、何度イベントを開催しても成果は出ず、くたびれもうけのイベントになってしまいます。

それでは、どのような要素が必要なのでしょうか。それは「全体テーマ設計」「商談設計」「くり返し導線設計」。以上、三つの設計です。

企画書に、この三つの設計を入れ込むことにより、ＢＳ企画書として機能させることができます。

それでは、その内容について一つずつ端的にご説明します。

一、全体テーマ設計

全体テーマ設計については、先ず、イベントのテーマを設定します。

テーマといってもあまり難しく考えることはありません。自社で販売したい製品やサービスの属性で決めても結構ですし、住宅会社のような高付加価値製品を販売している会社は「夢」とか「楽しさ」とか「豊かさ」とか、抽象的なテーマでもいいです。

重要なことは、イベントごとに必ずテーマの設定をするということです。もしテーマ設定をしないでイベントを開催してしまうと、お客様から見て何がしたいのかよく分からないイベントになってしまいます。

続いて集客、商談を設定します。内容は単純です。テーマに沿った集客の方法、商談の方法を大枠で設定するだけです。内容は単純なのですが、実効性のある、また成果の出る集客方法と商談方法を設定するのは、かなり難しいです。

二、商談設計

商談設計は、集客の詳細な方法、商談の詳細な方法、受注方法を設定します。

集客の方法では、チラシやパンフレットにどのような写真やフレーズを用いるのか、それをどこの誰に、どのように配布するかを設定します。

商談の方法については、三種の仕掛けを、いつ、どのように仕掛けるのかを設定します。三種の仕掛けのしかけ方によって、契約率は大きく違ってきます。重要な点は、三種類の仕掛けが連動するように仕掛けなければならないということです。

受注方法は、クロージングという意味です。商談の結果、その場で契約になればいいのですが、高額製品や大型案件になれば、その場で契約できることはまれでしょう。その場合に、どのようにクロージングするのかを設定しておく必要があります。せっかく集客と商談がうまく行っても、肝心のクロージングに問題があって契約できなかったでは泣くに泣けません。したがって、受注方法を設定するのは真剣勝負で挑まなければなりません。

本書の中で再三申し上げていますが、ショールームはイベントを行う場所ではなく、商談を行う場所です。その意味では、商談設計は三つの設計のうちで最も重要な要素と言えます。

三、くり返し導線設計

くり返し導線設計は、読んで字の如く、イベントを繰り返し開催し、商談型ショールーム営業法の導線（見込み客開拓から契約まで、さらにリピーター、ファンづくりまで）を繰り返し設計するということです。

イベントを繰り返し開催することは、ブリッジをかけて見込み客を囲い込んでおくという意味があります。

また導線を繰り返し設計することとは、商談型ショールーム営業法のプロセスを検証および修正して、導線をより太く強くするという意味を持ちます。

くり返し導線設計は、どのようにイベントを繰り返し開催するのか、そのスケジュールも含めて設定する必要があります。そして、商談型ショールーム営業法のプロセスを、だれがどのように検証し修正するのかを設定します。

中小企業は、企業規模において大企業に勝ることはありません。しかし、大企業に依存せず独立中小企業としてビジネスを行うことはできます。

ショールームイベントを行うにしても、大企業に依存していてはノウハウの蓄積もできません。

ショールームを自社に優位な立場で攻撃的に使うことができれば、大企業に依存することもなく、生殺与奪権を渡すこともなくビジネスを行うことができます。その場合にＢＳ企画書は必要不可欠な要件となります。

第5章

ショールーム・展示会にまつわる5つのウソ本当

あなたの会社の常識は世間の非常識

組織の中では常識とされていても、世間からすれば非常識に映ることもあります。
あなたの会社では常識とされていることでも、はたから見ると「なんであんなことやってるんだろう？」ということがあります。

例えば新入社員は、あなたの会社に染まっていないわけですから、やることなすこと新鮮、であればいいのですが、実は「おかしなことをやっているな」と思われている可能性があります。

新入社員だけではありません。中堅やベテラン社員、もっと言えば役員の中にもそう思っている方がいるかもしれません。また自社の中だけでなく、業界団体でも同じことが起きています。これらは皆、うすうす「おかしくないか？」と感じていることです。

しかしなぜ、うすうす感じていることを声に出して言えないのでしょう？

それは、言い出しっぺが馬鹿を見るような事態を避けたいという心理が働いているからです。声を大きくして「間違っている！」などと言っても「後ろを振り向いたら誰もいなかった」では嫌ですよね。

したがって誰も声に出して言わずに、そのままおかしなことをやり続けることになります。その方が面倒臭くないからです。

しかし、当社は特に所属する組織もありませんし「独自性こそコンサルタントの命」と強く信じていますので、自分のコンサルティングに関する範囲であれば、信じていることは声を大にして発信することができます。

うすうす思っていても、なかなか言い出せないことはあります。

会社でも私生活でも、そのようなことは数多くあります。周りの目が気になって、つい慣習にのっとっておかしなことを始めます。

「おかしくないか？」などと言っても「そういうものだ」の一言で済まされてしまいます。

「ショールームは広くて立派な方がいい」「展示品はたくさんあったほうがいい」などもその一例です。そうではなく、ショールームは小さくても、展示品は少なくても、使い方次第で立派に機能します。

当社は「おかしいことはおかしい！」と声を大にして言います。賛同できましたら、皆さん、考え方、やり方を変えてみてください。

案外うまく行きますよ。

まことしやかに言われているウソ

ショールームや展示会で、昔から言われていることは本当か？　本当でなければ何が本当か？

多くの経営者の方が間違えているショールーム・展示会にまつわるウソ本当を、ここに一挙公開します。

大切なことは、うすうす感じている間違った考え方や慣習をそのまま行うのではなく、自社にとって何が正解かをよく考えることです。

昔から言われていることは、その当時はそれなりの理由がありました。しかし、時代は進みビジネスは多様化しています。そんな時代に昔から言われていることを鵜呑みにしては、喉につかえるか腹痛を起こすだけです。我々は鵜ではないのです。

さて、皆さんはショールームや展示会を使って売上・利益を増やそうとしています。どうやって見込み客に、自社および自社製品を見つけてもらうかを一生懸命考えています。そのこと自体は正しいのですが、問題はその方法です。

その方法とは、かつて昭和30年代から40年代の高度経済成長期や、昭和から平成時代にかけてのバブル経済期のやり方のことです。

このころは好景気に沸いていましたし、特に高度経済成長期はモノがありませんでしたので、同じものが大量に売れた時代です。

その時代のやり方を、今現在でも同じようにやっていることが問題だと言っているのです。

大企業はそれでもいいでしょうが、中小企業にとっては負担が大きすぎます。中小企業には、中小企業なりのやり方があります。大量生産、大量消費の時代ではないやり方を見つけることが重要です。

最も分かりやすい例が、ショールームの作り方、イベントや展示会の開催方法、集客のしかたです。

また最近では、コロナウィルス流行を言い訳にしたショールームの無人化です。

ほかにも、ショールームアドバイザーの説明のしかた、展示品の展示方法について「本当はどうなの？」という疑問にお答えしたいと思います。

これまでの常識を覆すことにもなりますが、自社にとって何が正解かをよく考えて読んでいただきたいと思います。

それでは、ひとつずつ順に解説していきます。

1、説明が上手ければうまいほど契約は取れる？

「うちのショールームアドバイザーは説明があまりうまくないので、契約が取れないんだよなあ」と嘆いている方はいませんか？　確かに下手よりもうまいほうがいいに決まっています。

しかし、ここで「うまい」とはどういうことなのか考えてみる必要があります。

多分、皆さんは、製品やサービスの説明を、よどみなくお客様に説明できることを言っていると思います。または、製品の特長を正確に分かりやすく伝えられることを言っていると思います。

そしてその結果、お客様に買ってもらえることを求めていると思います。

確かにそれは間違いではありません。お客様にきちんと説明ができて、その結果、製品やサービスを買ってもらえれば、ショールームアドバイザーとしてはいい仕事ができたと言えるでしょう。

しかし、そのようなことを本当に「説明がうまい」と言えるでしょうか？

それを説明がうまいと思っている方は、お客様の願望や悩みを分かっていないと言えます。お客様は、そのような説明を求めているのではないことを理解する必要があります。

例を出してご説明しましょう。

皆さんは住宅展示場へ行ったことがありますか？　大企業から地場の中小住宅メーカーまでが自慢の住宅を競って展示している、そう、あの住宅展示場です。広い敷地に魅力的なモデルハウスが建ち並んでいます。

一歩敷地に足を踏み入れると別世界が広がっています。例えば、東京の新大久保駅近くの住宅展示場は、平日であれば駅前の雑踏がうそのような静けさを保っています。

住宅会社は、お客様に自慢のモデルハウスを体感してもらい、良さを理解してもらわなければなりませんので、アドバイザー（説明員）の説明能力はずば抜けたものがあります。自社の住宅のことなら隅々まで知識を持っていて、よどみなく説明をすることができます。マシンガンのように言葉を浴びせてきます。

皆さん、一度体験してみてください。

そうですね、平日の昼間が一番いいです。平日なら訪れる人も少なく、その分アドバイザーは暇です。したがって十分な時間をかけてくれます。

外には呼び込みがいて、言葉巧みにモデルハウスに引き込もうとするかもしれません。しかし、呼び込みには用はありませんので、どこのモデルハウスに入るかは適当に決めればいいです。

聞いたことのあるメーカーでもいいし、外観が気に入ればそのメーカーでも結構です。とにかく入ってみることです。

モデルハウスに入るとすぐにアドバイザーが出てきます。男性で、きちっとスーツを着ている人が多いです。

彼らは、住宅の説明は非常にうまいです。それが仕事です。住宅の特長、いいところ、メリット、いろいろな言葉を使って徹底的に説明します。

ここで、それらを真剣に聞いてはいけません。都合のいいことしか言いませんし、説明を聞く目的は、その説明によって自分の心が購入に動くかどうかを確かめに来ているからです。

自分の心が動いたのならなぜ動いたのかを、動かなければなぜ動かなかったのかを、冷静に判断してください。

どうでしたか、心は動きましたか？　多分、動かなかったと思います。

なぜか？

モデルハウスの特長などを一方的に説明しているだけで、あなたの願望や悩みを十分に聞いたうえで説明・提案しているわけではないからです。

もちろん住宅メーカー側も、一見のお客様ではないことが分かれば、違った説明の仕方はあるのでしょうが、住宅展示場のアドバイザーのような説明では、お客様の心は決して動かないということを理解しておくべきでしょう。

逆に、あまり話さないけれどもうまく説明し、上手に販売する例をご紹介します。

それは大手百貨店にテナントとして入っている、ある有名紳士服メーカー直営店の販売員さんの例です。

店舗にお客様が入ってきても、その販売員さんはすぐには声をかけません。頃合いを見計らって近づき「御用があれば声をかけてください」と言ってお客様から離れます。

お客様は、どんなスーツがあるのか、しばらく見て回っています。そして気になるスーツがあると、そこで足を止めてじっくり見るようになります。タグを見てサイズや素材、価格などを確かめます。

そのときです。

販売員さんはお客様に近寄って「この生地はイギリス製で、軽くて丈夫な生地です」「日本には当社のみが輸入していますので、ほかのブランドでは取扱いがありません」などと特長を説明し始めます。

お客様は聞いてはいるものの、ほかのスーツも気になっています。それを察知した販売員さんはお客様から離れていき、またしばらく遠巻きにしてお客様を観察します。

お客様は違うスーツを手に取りだしました。今度はかなりじっくり見ています。するとまた販売員さんが近寄ってきて、同じように簡潔に説明を始めます。

お客様は、今度はかなり気に入ったようで、販売員さんに質問を始めます。それにこたえて販売員さんは、かなり詳しい説明をします。近くで見たときの見た目、遠くで見たときの見た目、実際に羽織ってみたときの見た目と着心地など、こと細かくアドバイスをしています。

そして最後に価格です。

価格と、お客様のお気に入り具合を探りながら最後の提案をします。

お客様は満足した表情でそのスーツを購入しました。そしてサイズ直しの仕上がり日には、その販売員さんを指名して仕上がった商品を受け取るのです。なぜなら、お客様はその販売員さんにお礼を言いたいからです。

いかがですか？　これが本当の「うまい説明」だと思いませんか？

皆さんは、うまい説明を勘違いしています。もしくは間違えています。

アドバイザーが説明をするのは、アドバイザーの知識をひけらかすためではなく、製品やサービスでお客様の願望を叶え、悩みを解消するために行うものです。そのためには、お客様の話をよく聞かなければなりません。

そしてその結果、お客様の満足を伴って売り上げが上がることを目的にしています。

この販売員さんは自分が一方的に説明するのではなく、お客様をよく観察し、声なき声を聴いたうえで説明していたことになります。

それが「うまい説明」だということです。

2、無人ショールームなら固定費削減と感染対策で一石二鳥？

ここ数年、無人ショールームの問い合わせをいただくようになりました。

「無人ショールームを作りたいのですが、先生はどう思いますか？」

「ショールームを無人化すれば、固定費を削減できて感染対策もできるので…」

「無人ショールームは気楽でいいですよね？」

こんなご相談です。


このようなご相談をされる方の考えは見え透いています。

新型コロナウィルス感染拡大防止を理由に、ショールームを無人化して何とか固定費を削減したいが、本当にうまく行くか自信がない。そこで当社に判断してもらいたい、または、うまく行く方法を教えてもらいたい、というものです。

そんな時は「無人ショールームなら、固定費を削減できるし感染対策もできますよ」「でも、単なる無人化ではモノやサービスは売れないですよ」とアドバイスしています。

なぜ、単なる無人化はダメなのか？

そもそも無人化の理由が、コロナだというのが気に入りません。そこには無人化のしくみも、お客様へのおもてなしもないからです。

どういうことか、ご説明します。

特に「ハコ」「モノ」のショールームを作ると、それなりの固定費がかかります。ショールームを回せないと固定費が重くのしかかります。固定費が重くなると固定費を削減しようとします。会計的に言えば、固定費削減が利益改善に一番効くからです。

固定費の中で人件費が一番重いのは、皆さんお分かりでしょう。受付係とかショールームアドバイザーとかです。

そこで無人ショールームという発想になるわけです。

ここには自社の都合という発想しかなく、お客様への願望の実現、悩みの解決といったメリットはみじんもありません。お客様への視点が欠けているのです。これで「どう思いますか？」などと聞かれれば、率直に「ダメ！」とお答えする以外にありません。

加えて「固定費を削減出来て感染対策にもなる」「そのうえ気楽に見てもらえる」「これなら一石三鳥だ」などと思ったら大間違い。

「あなたは何のためにショールームを作ったのですか？」と聞きたくなります。

何のために作りましたか。製品やサービスを見てもらうためですか。ショールームで体感してもらうためですか？

そうですよね。その通りです。しかし、そこには最も大切な「商談」が抜けています。そして「おもてなし」もありません。

第2章でお示しした導線設計の図を見てください。

絞り込み営業と個別チラシで見込み客を開拓しますが、それらをショールームに誘引する目的は商談をするためです。ショールームイベントにしても展示会にしても、商談するから売れるのです。

またショールームを無人にしてしまうと、おもてなしができなくなります。これは致命的です。商談型ショールーム営業法は、営業活動とショールームが連携することで契約率を上げていくしくみだからです。

これは、この本の冒頭に「ショールームだけあっても儲からない」と申し上げたことにつながります。そこには営業戦略や、しくみが必要だということです。

一方、固定費を抑えるといった後ろ向きの戦術ではなく、ショールームを戦略的に、しかも積極的に使う経営者の方には次のような方法があります。

それはアバターを使って、本物の見込み客と、単なる見込み客もしくは単なる顧客を振り分けるという方法です。

これは大勢の来館者の中から、本物の見込み客だけをピックアップする方法です。この方法については、前著に少し書きましたので詳細は割愛しますが、固定費削減という意味ではなく、積極的に本物の見込み客を見つけるにはいい方法です。

商談型ショールーム営業法は、絞り込み営業の手法で、ショールームに集客する前に本物の見込み客を探し出します。

一方、アバターを使う手法は、ショールームに来た時点で本物の見込み客を見つけ出します。

どちらも、本物の見込み客を探し出すということでは同じです。違っている点は、見つけ出すタイミングです。無人であっても、アバターを使ったり遠隔でおもてなしをしたりする場合は、商談に持ち込むことができます。

注意すべき点は、ただ単にショールームを無人化することや、固定費削減をコロナで理由付けすることです。

ショールームという装置は、優秀な使い手がいるからこそ、その機能を発揮できることを忘れてはなりません。

固定費を削減しようとして、必要であるにもかかわらずアドバイザーを無くしてしまっては、ショールームは機能しなくなります。

したがって、タマゴかニワトリの話ではないですが、

ショールームを回せない
↓
固定費が重い
↓
人件費を削減
↓
ショールームがますます回らない

この悪循環から早く脱却することです。そのためには、商談型ショールーム営業法による導線設計が最も効果的です。

この悪循環を断ち切り、好循環に持ち込めれば、劇的に売上・利益を改善させることが

できます。

ただ単に無人ショールームという発想は、ほとんどの場合、外部環境を言い訳にした後ろ向き戦術だということです。

3、差別化するためには目立つショールームの方がいい？

同業他社と差別化するためには、立派なショールームを作って、目立つ看板を立てて、展示品をたくさん並べて…と考えるのは経営者としては当然でしょう。

確かに、そのようなショールームがあれば目立ちますし、顧客への訴求効果は高いと言えます。

しかし、これらの差別化の方法は、ショールームという装置にお金をかけることになります。

「ショールームにお金をかけて何が悪い」と言われてしまいそうですが、本書はごく普通の中小企業がショールームを使って売上・利益を最大化させる方法を解き明かした本です。ごく一部の、お金が有り余っている企業を対象にした本ではありません。

したがって「どこに、どのようにお金をかければ売上・利益が最大化するか、よく考えたほうがいいですよ」と言っているのです。

ショールームを作るということは大なり小なり投資することになりますので、投資対効果という考えが非常に重要になります。無駄なところに投資をして儲からなかったでは、経営者として資質が疑われます。

要するに、ショールームに投資してはいけないという意味ではなく、その前に投資すべき対象があるのではないですか、ということです。

そこでショールームにお金をかけたために資金難に陥り、会社経営が苦境に陥った例をご紹介します。

その会社は、中部地方で長年リフォーム会社を経営してきた地域密着企業です。地方都市のさらに郊外という立地にもかかわらず、まじめな仕事ぶりとリーズナブルな価格で信用を集め、繁盛店として地域に貢献してきました。

時はバブル経済期真っただ中、地域経済は活況を呈していました。その波はこの地方にも及んできていています。

山を切り拓き、道路を作り、住宅ができ、飲食店などの店舗が進出してきました。数十年前の高度経済成長期のような賑わいではありませんが、それでも国道沿いや駅周辺は人通りが多くなってきています。

そんな中、大手リフォーム会社がこの会社の近くに出店をしてきました。地方ながら、旺盛なリフォーム需要を取り込もうと進出してきたのです。

この経営者は、これまでの信用と実績を糧に、この大手リフォーム店に対抗しようとしました。しかし、価格では勝てません。

さて、どうしたものか思案に暮れています。

これまでの信用と実績がありますので、すぐに顧客を奪われることはありませんが、何か手を打っておかないと、今後、売り上げはじり貧になる可能性があります。

そこで、少々古くなった店舗の改装を思いつきました。店舗を新しくして、開放的な明るい雰囲気にしようと考えたのです。

ところが、中途半端に改装しても特長を出せないと考え、思い切って建て直すことにしました。特長のある建物にして、大手と差別化しようとしたのです。

バブルの好景気で、このころは誰もがいい気になっていた時代です。この景気がいつまでも続くと信じて疑わない人が多くいました。したがって、この経営者がみなと同じように思ったとしても不思議ではありません。

どのような建物にしたかというと、なんと「ピラミッド」を作ったのです。

もちろん本物のピラミッドではありません。ピラミッド型の、いわゆる四角錐の形をした建物を作ったのです。そして、その中に事務所とショールームを入れました。

皆さん、四角錐の形を思い浮かべてみてください。ピラミッドがなぜ四角錐なのかは別として、このような形は無駄な空間が至る所にできてしまい、一般的な建物としてはとても非効率です。

ショールームの展示物である住宅設備機器は、ほとんどが直方形をしています。また事務機器や事務什器もしかり。

このピラミッドは3階建てでしたが、上へ行けば行くほど空間が狭くなり、これまた使い勝手が悪く非効率です。

この会社の経営者の方は、ピラミッドパワーを信じたのか、ただ単に目立つ建物を建てたかったのか分かりませんが、とにかく大手リフォーム店に対抗してショールームを差別化しようとしました。

目立つ建物ですから、オープン当初は結構にぎわっていました。義理と珍しさが人を呼んだのです。建築会社の人、仕入れ先の人、会計事務所の人、もちろん顧客もいます。ところが3か月、半年、1年と経つと、珍しさは普通になってしまいます。珍しさだけでは顧客を呼べなくなりました。

逆に、バブル経済が陰りを見せ始めると「なんであんな建物を作ったんだろう?」と言う人まで出てきます。

バブル経済が終焉に近づくと、地域の経済は急激に右肩下がりになります。すると大手との競合と地域経済の活力低下で、ショールームが回らなくなります。加えて、巨額の借入金の利息が利益を圧迫します。

ついにバブルがはじけました。

巨額の借り入れをし、価値のない建物を作り、回せないショールームを作ったツケが回ってきたのです。

この後の、この会社については本書の主旨と異なりますので述べませんが、経営に大変な苦労を強いられていることだけは確かです。それでもこれまでの信用と実績で、何とか生き延びています。

今でこそ、なんでこんな投資をしたんだと思われる方が多いでしょうが、この当時はバブルとは思っていませんでした。

その証拠に、大手証券会社、大手銀行、大手製造業などなど、多くの企業がバブルの餌食になりました。覚えている方もいるでしょう。


この会社は、バブル経済期という時代が引き起こした、現在からみれば特殊なケースと言えますが、今でも大なり小なり投資する対象を間違えている方は大勢います。

投資をするというと何か目に見えるもの、例えば土地・建物とか機械とか、株とか債権とか、そういったものを想像する方が多いです。

しかし、成長し続けている企業はノウハウやしくみに投資をしています。ノウハウやしくみを自社に導入することに、お金をかけているのです。

具体的に言えば、専門性と独自性を持ったコンサルタントに依頼して、しくみづくりのお手伝いをしてもらうということです。

なぜなら、自社だけでノウハウを得てしくみを作るのには、多くの時間とお金がかかるからです。

しかも多くの時間とお金をかけて、それでノウハウやしくみが手に入るかと言えば、必ずしもそうならないことを理解しておくべきです。

すでにご説明している通り、ショールームという装置にお金をかけても、ショールーム自体がその機能を働かせることはありません。ましてや土地や建物がお金を生むわけでもありません。賢明な経営者なら、ショールームを回すためのノウハウやしくみにお金を使うべきです。

4、合同展示会に出展すれば見込み客は集まる？

製造業、卸売業、小売業、建設業など、ありとあらゆる業種の企業が合同展示会に出展していています。合同展示会の最大のメリットは、自社で集客しなくても主催者がしてくれることだと出展者は考えています。

もちろん自社で集客する企業もありますが、多くの企業は指定された日時に、指定された場所で製品を並べ「さあ、おいでください」とばかりに待ち構えています。

出展者にとっては、それが合同展示会のメリットです。ほかにも義理で出展しているとか、同業他社の情報を得るために出展しているとか、いろいろな事情で出展している企業もありますので、それがそのまま悪いとまでは言いません。

ところが、ここが重要なのですが**「他者に集客を任せておいて、本当に本物の見込み客を集客できますか？」**ということです。

少し大げさな言い方をすれば、**「生殺与奪権を他者に渡して、あなたの会社は、今後生きていけますか？」**ということです。

少し詳しくご説明しましょう。

展示会で見込み客を集客して、製品ＰＲをしたり商談をしたりすることは大変重要なことです。

ただし、その見込み客が冷やかしや一見さんであれば、展示会出展の効果はほとんどありません。やはり本物の見込み客を集客しなければなりません。

自社にとって、本物の見込み客が集まる合同展示会であれば何の苦労もありませんし、その展示会に出展する価値は非常に高いと言えます。ところが、そんなにうまい話があるわけがありません。

このことを前提に考えた場合、展示会主催者側に集客を任せておいたらどうなるか、すぐにお分かりになるでしょう。

主催者は、あなたの会社のために見込み客を集めてくれることは一切ありません。もちろん、展示会のテーマはあるでしょうから、そのテーマに沿った見込み客は集まるでしょう。

しかしそれは、出展者の最大公約数で集客しているわけですので、あなたの会社にとっての本物の見込み客を集めてくれているとは限りませんし、そんなことはないと思ったほうがいいです。

当然ながら、自社にとっての本物の見込み客は自社自身で見つけ出す必要があります。

それでなければ、本物の見込み客を見つけ出すノウハウも知恵も蓄積できません。

どんな言葉に顧客は反応するのか、どんなチラシを作れば顧客の心に刺さるのか。こういったことは繰り返し試行錯誤しなければ掴めるものではありません。

現実的な話をすれば、ビジネスにおいて最も大切なことは営業・販売です。いいモノを作っても売れない時代ですから、いかに営業・販売が大切か分かろうというものです。

中小企業白書の倒産原因のランキングを見ると、さまざまな原因があるものの、そのトップはダントツで販売不振です。要するに、いいモノを作ったが営業・販売がうまく行かずに倒産した、ということを示しています。

したがって、営業・販売の重要施策である展示会の集客を、他者まかせにしていいはずがありません。これは生殺与奪権を他者に渡しているということです。

それでは、どのように展示会を開催すればいいのでしょう。答えは一つ、ズバリ自主開催です。

自主開催であれば、合同展示会にありがちな細々とした制約はありませんし、何をどのように展示しても構いません。

会場を借りて行う場合は、会場を使う時の制約はあるでしょうが、自社の敷地内で行うのであれば何をやっても自由です。

展示品だけではありません。開催日時も開催期間も、展示会自体のやり方もすべて自由です。

当社ではコンサルティングの期間中に、ショールームイベントもしくは展示会を実際に開催してもらっていますが、その場合の開催方法は、絶対に自主開催です。

コンサルティングでお伝えしてきたコンテンツが理解できているか、またそれを実践できるかの検証を行うためです。

もし合同展示会に出展したならば、コンサルティングの検証はできませんし、商談型ショールーム営業法のノウハウを実践で身に着けることはできません。

商談型ショールーム営業法は、プロセスと検証を繰り返すことにより、徐々に、しかも確実に自社独自の営業方法を確立していくプログラムです。

コンサルティング開始当初は、皆さん難渋を伴いながらプロセスと検証を繰り返していきます。

事実、最初のころの展示会には、本物の見込み客はほとんど来場しません。「本当にこれだけ？」というくらい来てくれません。週末の2日間開催して、一組だけということも珍しくありません。

しかし、それでいいのです。それがあなたの会社の実力だからです。

あなたの会社の営業力と、これまでのプロセスの検証をしているのですから、集客できなければどこが間違っていたのかを検証すればいいだけの話です。

しかし、いったん自社の商談型ショールーム営業法を確立できれば、他社にはまねのできない強力な武器を手に入れることになります。


合同展示会なら、自社で集客しなくてもいいわけですから楽でしょう。しかし、営業・販売のノウハウを自社で積み重ねることをせず、生殺与奪権を他者に渡してしまったら、あなたの会社は将来どうなるのでしょう。

展示会開催は絶対に自主開催です。肝に銘じてください。

5、展示品は多ければ多いほうがいい？

ショールーム・展示会にまつわるウソ本当の五つ目は、展示品のメーカーや種類、数に関するウソ本当です。

これからショールームを作ろうとこの本を読んでいる方は、展示品を何にしようか迷っていると思います。そのような方は、間違えないために注意深く読んでください。作ってから「しまった！」ということにならないためです。

展示品に関しては、できる限り多くを展示し、来館者に選んでもらいやすくするという考え方がはびこっています。

はっきり申し上げますが、これは全く間違った考え方です。こんなことを考えているから儲からないのです。

展示品は、足し算ではなく引き算で考えなくてはいけません。どういう意味なのか、住宅リフォーム店の水回り製品を例にとってご説明しましょう。

水回り製品では、大規模から中規模まで有名メーカーが数多くあります。ＬＩＸＩＬ、ＴＯＴＯ、パナソニック、タカラスタンダード、クリナップ、トクラス、トーヨーキッチンなどです。

顧客は、こういったメーカーの製品を施工付きで購入します。製品だけ購入しても使えませんもんね。

ごくまれに、製品だけ購入し、日曜大工の技術を生かして施工までしてしまう方もいますが、そういう方は職業がその関係か、もしくはかなり建築の知識がある方です。

建築関係を職業にしている方や製品に詳しくこだわりのある方は、このメーカーのこの製品と言って指定してきますが、そうでない方は、施工業者におススメを提案してもらいます。

そうすると、多少細かい変更はあったとしても、たいていは提案してもらった製品に決まります。グレードの差による品質の差はあるにせよ、同じグレードならどのメーカーも同程度の品質を保っていますし、施主自体が製品について十分な知識を持っていないからです。

ということは、こだわりを持たない一般的な顧客は、ショールームにいろいろなメーカーの、いろいろな製品があっても迷ってしまうだけです。

そこで考え方として「何を展示するか」ではなく「何を展示しないか」で展示品を決めることをお勧めしています。いわゆる「引き算」です。

先ほどの水回り製品のメーカーは大手メーカーですので、ショールームは広く、展示品もそれなりに多く展示しています。流通の最も川上に立っていて、あらゆる顧客層に提案する必要があるからです（トーヨーキッチンはそうとも言えません）。

しかし、中小企業では大手メーカーのように広く大きなショールームを所有することは非現実的ですし、その必要性もありません。所有するのであれば、小ぢんまりとしたショールームで結構です。どのみちすべての製品を展示できるわけではないのです。

そうであれば、あなたが本当に気に入ったメーカーの、気に入った製品を少数展示すればいいのです。

水回り製品は金額の張る製品が多いです。キッチン、システムバス、洗面化粧台、トイレなど、数十万円から数百万円します。

これらはいくら展示品だと言っても、メーカーが無料で提供してくれるものではありません。卸値よりも安くはしてくれるでしょうが、タダにはなりません。

メーカーがモデルチェンジをすると、あなたの会社もそれに合わせて展示替えをしますので、従来の展示品は不要となります。

不要になった展示品はどうするおつもりですか。安く顧客に譲るおつもりですか？

安くても販売できればいいですが、たいていの場合、そうできないところに悩みがあります。なぜならば、住宅リフォーム店は流通の最川下に立っており、不要になった展示品の情報が、それより川下の限定された顧客にしか流れないからです。

販売できなければ方法はただ一つ「捨てる」です。

したがって、展示品を仕入れた費用、廃棄する費用が重くのしかかるということになります。この費用を、受注した工事代金に転嫁できますか？

これらの費用を見越して工事の請負をしているのが実情ですが、当然ながら、この費用が少なければ少ないほど利益に好影響をもたらすことになります。したがって、引き算で展示品を決めていくという方法は非常に合理的です。

繰り返しますが、あなたが本当に気に入った製品のみを展示して提案すれば、それだけ顧客に熱が伝わります。顧客はその提案を待っているのです。

いかがだったでしょう。

この本を読んでいる皆さんは、これからショールームを作ろうとしているか、もしくはすでに所有している（持っている）方だと思います。

前著を読んだ方の中には、これから大学の卒業論文を書くのに参考にしたいという方がいました。どうやらショールームに関する論文だったようです。

是非とのことでしたので、お会いして話をしましたが「目からウロコが落ちた」「ぼんやりしていたものが、はっきり見えるようになった」と喜んでいました。

本書にしても前著にしても、これまでの常識や慣習からかけ離れた主張をしていますので「ホントかな?」と思う方もいるでしょう。しかし、ほとんどの方は「やっぱり!」と心の中で大きくうなずいていることと思います。

ショールームを使って売上・利益を増やすには、これまでの常識を鵜呑みにしないことです。また、うすうす感じていたことを検証してみることです。

声を大にして言いにくいかもしれませんが、そんな時は自分の心の中で「自分は本当にそう思っているか?」を3回繰り返してみてください。そうすれば間違っていた自分に気が付きます。

第6章

たった1棟の
モデルハウスでも
儲かるようになる

1、販売戦略で重要な商品、商圏、ターゲット層

モデルハウスをたった1棟にしたS社

さて、第3章でご紹介したS社住宅部門の、その後についてお話しします。

コンサルティング実施中は多くの困難を乗り越え、経営者の皆さんも社員の皆さんも、本当に頑張ってくれました。頭が下がる思いです。

実は、6棟もの異なるテイストのモデルハウスを所有していたS社住宅部門ですが、本当に自分たちが売りたい住宅1棟だけを残して、すべて取り壊してしまいました。

それは「自社が本当に売りたいものは何か」「自社のアイデンティティーは何か」を考えた末に決断したことです。S社社長はその勇気と覚悟がありました。

普通なら「なんともったいないことか」と思うでしょうが、あらゆる顧客の好みに応えるのをやめ、自分たちが本当に売りたい住宅とは何かを考えた結果です。これは真剣にコンサルティングに取り組まなければ導き出せない結果です。

取り壊す判断・決断は、もちろん社長が行っています。しかし、残すための1棟は経営者のみならず社員の方も参加して決めました。経営者だけで決めても良かったのですが、実際に営業し販売するのは営業を始め現場の社員です。したがって、経営的な判断と販売

実務を考慮して決めたということです。

ここには先に述べた「小が大に打ち勝つ3大要素」の中の「判断と決断」がありました。この判断と決断は、経営者はもちろん社員にも覚悟を迫ったと言えます。自分たちはこの住宅を販売して生きていくのだという覚悟です。

そして、社員たちからは迷いが消えました。迷いが消えると人間は強くなります。ただひたすら、自分たちが販売すべき住宅を見つめることができます。

お客様や社内からは、いろいろな意見を聞くことがあります。もちろん、中には批判的な意見もありますが、自分たちが決めた住宅です。

流行とか好みとかを追いかけるのではなく、将来を見据えて本物の住宅とは何かを考えたのです。

これにより、S社住宅部門に連帯感が生まれました。

以前は、経営者と社員の間に深い溝のようなものがありましたが、それがなくなりました。溝を作っている場合ではないといった、切羽詰まった雰囲気になったのです。そして自らを、やらざるを得ない立場に追い込んだ結果だとも言えます。

モデルハウスを1棟だけにしたということは、S社が最も自信を持ってお勧めできる商品が決まったということです。顧客の好みに合わせて、あれもこれもではなく「ウチはこの住宅です」と宣言しているようなものです。

そもそも中小住宅メーカーが、顧客の好みに合わせたモデルハウスを6棟も所有するなんてナンセンスです。

それで儲かっているのなら、あえて否定するつもりはありませんが、コストばかり掛かって売り上げにならないのですから、ナンセンスとしか言いようがありません。

以前のS社住宅部門は、複数のモデルハウスを所有することが、より顧客のためになると勘違いしていたのです。

なにも住宅メーカーだけに限ったことではありません。当社のようなコンサルタントビジネスにも同じことが言えます。

独立・起業して間もないころ、古くからの友人と話していてこんなことがありました。

会社員をやめて独立・起業し、コンサルタントを始めたことを話すと、お祝いの言葉とともにこのような指摘をされました。

「コンサルタントがお客様を選んでいいの？」

「いろんなお客様の悩みに対応するのがコンサルタントでしょ！」

決して、悪気があって発した言葉ではありません。当社のコンサルティングビジネスと販売戦略を知らなかったからです。

ご存じのように、当社は「ショールーム営業」の専門家です。

したがって、ショールーム営業以外のお客様は、当社のお客様にはなりません。ショールーム営業は自信をもってご指導できますが、それ以外はご指導ができないからです。

当社のような中小企業が、マーケットイン型、すなわち「何でもご相談ください」的なコンサルティングだとしたら、ここまでS社の話をお聞きになったみなさんは「そりゃあダメでしょう」と言うに違いありません。

そうです、その通りです。

大手コンサルファームであれば、それまでに積み上げたベストプラクティス（成功事例とか最善の方法の意）がありますし、所属コンサルタントが大勢いますので、なんにでも対応できるでしょう（ただし大手コンサルファームのサラリーマンコンサルタントでは、中小企業のオーナー社長にまともなコンサルティングはできません）。

しかし、当社のようなダイナミックコンサルタントは、専門性、独自性が命です。

我々は、大手コンサルファームのような「何でも屋」ではなく、キラーコンテンツを武器に刺さるコンサルティングを行っているからです。したがって、専門性、独自性がなくなった時点で「ジ・エンド」。ビジネス終了です。

友人は、そのようなことを知らずに親切心でアドバイスしようとしたのですが、もし彼の言葉をまともに受け取っていたとしたら、当社はS社のような苦しみを味わうことになったでしょう。

住宅メーカーもコンサルタントも、中小企業は基本的にプロダクトアウトです。

大企業のように商品アイテムを多数取り揃えて全国展開するのであれば別ですが、中小の住宅メーカーでは様々な顧客の好みには対応できません。

もちろん、中小企業の中にはマーケットインの戦略をとる企業もあるでしょう。それで儲かっていれば無理に否定しません。それでビジネスになっていれば何の問題もありません。要は、自社にあった戦略をとればいいということです。

商圏は地元のみで大都市圏からは撤退を決断

第2章の中で申し上げていますが、商品、商圏、ターゲット層、この三つが販売戦略において特に重要です。

ところがS社は、この三つとも定まっていませんでした。

商品は6棟のモデルハウスを持ち、さまざまなターゲット層を想定し、地元だけでなく近隣の大都市圏にも手を延ばしていました。

販売・受注が思うようにいかないことを理由に、なんでも受注、誰でも受注、どこでも受注が常態化していました。それが却って売れない理由だとは、社長も専務も夢にも思いませんでした。

S社住宅部門はこれを改め、商圏を地元一本に絞りました。まずは地元で足固めをし、その後、可能であれば大都市圏へ進出しようということになり、いったん大都市圏からは撤退です。

ここでも社長の判断と決断がありました。

もともとS社は地元密着企業です。地元の皆さんと一緒に生き、地元を大切にしてきた企業です。したがって、住宅部門も原点に返ろうと、経営者も社員も考えたのです。

以前からも「地元で売れないのに、なんで大都市圏なんだ？」と疑問を呈する役員もいたのですが「人口が多い方が売れるに決まっている」という間違った考え方に押されていたのです。

もちろん、人口が多い方が販売できる可能性も大きいのですが、それはライバルが多く存在し、競争も激しいことを意味します。

商圏を絞り込んで地元を優先した結果、営業も工務も移動範囲が狭くなり、効率的なビジネスが可能になりました。

大都市圏の市場は魅力的だったのですが、遠方になればなるほど、すそ野が広がるように移動範囲が広くなります。以前のS社住宅部門は限られた人員であるにもかかわらず、大きな市場を求めていたため、非効率なビジネスを展開していたと言えます。

地元の市場は大都市圏に比べて小さいが、競争はそれほど激しくないという原理原則を忘れていたと言えます。

商品を選択してターゲット層を絞ったら営業方法が変わった

S社住宅部門はモデルハウスを1棟だけにし、そのモデルハウスに興味を示すと思われるターゲット層を絞りこみました。

ターゲット層は、比較的お金を持っている富裕層です。また天然木ムク材が好きな人、木の家に住みたい人、健康に気を使う人です。

富裕層と言っても、単にお金を持っている人ではありません。年代で言えば、子供から手が離れかかっている50代。仕事をリタイアして、これから人生を楽しみたいと思っている60代~70代です。

特に「健康」は重要なキーワードとして、この言葉に反応する人をターゲットにしました。そして、その人たちにあった営業方法を模索しました。

商品は高付加価値住宅ですので、どぶ板営業のような方法は取りません。一軒一軒、丁寧にOB顧客を訪問して、なぜ自社の住宅を選んでくれたのかを探っていきます。

また、どのような夢を持って住宅を購入するのか、どのような悩みを持っていたのか、購入の前にはどのような不安があったのかを探っていきます。

住宅購入前に何を考え、購入後はどう思ったのか。また将来の住宅の在り方をどのように考えているのかを丹念に調査していきます。

このような顧客の思いは、モデルハウスでのイベントアンケートでは決して得ることはできません。やはり、リアルな会話の中から得られる顧客の本音です。

S社住宅部門の営業社員は、この顧客の本音を丹念に集めました。集めた本音は一元管理し、次々と積み重ねていきました。

そして、そのデータを分析してみると、次のようなことが分かったのです。

1、家のデザイン自体をそれほど重視していたわけではない
2、少し高くても、いい家が欲しい
3、永く住むのだから落ち着きのある家がいい
4、安らぎのある家が欲しかった
5、健康で暮らせる家、安心・安全な家がいい

これらの調査結果から、やはり異なる6種類のテイストのモデルハウスは必要ない、無駄だったということが証明されたのです。

考えてみれば当然のことかもしれません。しかし、以前にご説明したように、S社の本業が土木建設業であることによる勘違いがあったものと考えられます。ビジネスモデルの

違いによる勘違いです。

S社はモデルハウスが1棟しかありませんので、完成見学会を開催しました。完成と言っても、もうすでに人が住んでいる物件です。施主に協力をお願いして、住んでいる家を見せてもらうのです。

したがって「住宅見学会」とか「お住まい拝見会」とか「お家、見せてください会」とか言ってもいいでしょう。

最初は、お願いをしてもいい顔をしません。当然です。「なんで自分の家を他人に見せなきゃいけないの？」となりますよね。

S社の住宅は総天然木ムクの家です。総天然木ムクの家は、時間がたてばたつほどいい家になります。味わいが出るとでも言いましょうか。

集成材や合板を使った家では、こうはいきません。古くなれば古くなるほど、良さは消えていきます。

そのあたりを営業社員が丁寧に説明したところ「それじゃあ」ということになって、完成見学会が実現したのです。

この見学会は、S社、見学者、施主の三者ともにメリットがあります。

S社の主なメリットは、住んでいる家がモデルハウスになりますので、様々な状況の、よりリアルなモデルハウスを持てることです。また大きなコストがかからないことです。

見学者のメリットは、住宅の経年変化を見ることができ、将来の家のイメージをつかめることです。

施主のメリットは、経年変化でどんどん良くなっていく自分の住宅を自慢できることです。ほかにも、これは二次的なメリットといえますが、人に見られることで家の中が片付いたり、きれいになったりすることでしょう。

これはS社が総天然木ムク材を使って、本物の住宅だけを作っていたからこそ実現できたことです。本物の住宅は、古くなればなるほど良くなります。雰囲気が出ます。

このように、完成見学会を次々に開催できれば、モデルハウスは1棟だけあれば十分ということになります。


完成見学会については、ほかにも重要な役割がありました。次々と見学会を開催するときに、同じ見込み客を招待するのです。

1回目に来てくれた見込み客を2回目も招待します。2回目も来てくれた見込み客は3回目も招待します。

次々と何度も招待することで見込み客が本物か、ただの見込み客かが分かるようになります。招待するたびに来てもらえる見込み客は、本物の見込み客になっていきます。

本物の見込み客は、S社の住宅に興味があるから何度も来てくれるのであって、興味がなければ初めから来ないか、2回目は来ないことになります。

この方法を「イベントでブリッジをかける」と言います。第2章と第4章でも少しご紹介しましたね。

見込み客を絞り込み、本物の見込み客だと分かれば、後はクロージングするのみです。非常に効率的な営業方法であり、見込み客開拓、契約方法だと言えます。

またブリッジをかけることで、見込み客の囲い込みにもつながります。

住宅を購入しようとしている人は、S社だけではなく、ほかの住宅メーカーも購入の対象にしています。一度きりの完成見学会であれば、そこでつながりの糸がぷっつり切れてしまいますが、ブリッジをかけることで糸がつながった状態にできます。

そして何度も見学会に来てくれれば、その分、糸も太くなっていることになります。糸が切れてしまっては元も子もありません。つながっていることが大切なのです。

以上をまとめると次のようになります。

モデルハウスに新規見込み客を集客してイベントを行う
←
同じ見込み客を完成見学会に招待してブリッジをかける
←
ブリッジをかけ続けることで、本物の見込み客を探し出し囲い込む
←
確実に契約する
←
繰り返す

これを「モデルハウス（ショールーム）を回す」と言います。これは小が大に打ち勝つための3大要素の一つです。

顧客の「欲しい」を創り出せ

住宅は必需品です。なくてはならないものです。

中には住所不定で、住宅とは言えないところに住んでいる方もいますが、雨風をしのぐという意味ではそれも住宅です。

必需品は「ニーズ」であり、生活するうえで必要不可欠なものです。したがって、市場には大きなニーズがあります。これを取り込むのが大企業の戦略です。

中小企業がニーズを取り込もうとすれば大企業と戦うことになり、営業力、資本力、組織力など、あらゆる点で劣る中小企業が大企業に勝つことは不可能でしょう。

大企業と同じ土俵で勝負するのではなく、中小企業は土俵を変えてビジネスを行うことが常識です。

どのように土俵を変えるか。それは顧客の「欲しい」に応えることです。

「欲しい」は「願望」であり「小さな需要」です。生きていくうえで絶対に必要ではないものの、あればあったで生活にゆとりとか楽しさとかを生むための欲求のようなものです。これが需要です。

住宅で言えば、住宅そのものは必要だけれど、もう少し快適な生活がしたい、もう少し上質な住宅が欲しい、もう少し安らぐ住宅が欲しいといった具合です。

ここには人それぞれの「欲しい」があり、中小企業はこの「欲しい」を自ら創り出す必要があります。そして、それを欲しがっている見込み客を探すことが求められます。

そうすれば、大企業とは異なる土俵でビジネスを行うことになり、無理な競争をしなくても済みます。これが、中小企業がとる戦略、プロダクトアウトです。

まあ、そうは言ってもどこにでも競争はあるわけで、中小企業同士の戦いは待っています。

「欲しい」は「好み」とも言えますので、この意味では、S社住宅部門のモデルハウス戦略、販売戦略は間違っていたとは言えません。しかし、自らが作り出した「欲しい」ではなく、顧客の「好み」に合わせるだけの戦略でした。

しかも、すでに先発の住宅メーカーがありましたので、これらとがっぷり四つに組んで戦うことになります。後発のS社住宅部門は知名度もなく、モデルハウス戦略、販売戦略といっても場当たり的であったため、全く勝つことができませんでした。

そこで商品と商圏、ターゲット層を絞り込んだ上で自ら「欲しい」を創り出し、自社の考えとマッチする見込み客を探しだしたのです。

営業ツールの見直し

S社住宅部門は商品が定まり、商圏もターゲット層も定まりました。ターゲット層が定まると営業方法が変わります。営業方法が変われば営業ツールも変わります。富裕層のための営業方法と営業ツールを使う必要があります。

以前の営業方法は、OB顧客をただ何となく訪問する、若い世代向けのSNSで発信する、誰が見るか分からない新聞折り込みチラシを入れる、地元のケーブルテレビにコマーシャルを入れる、アパートの住人にポスティング広告を入れるなどなど。

ただ漠然と「こんな方法はどうだろう」といった雰囲気で宣伝をしていたのです。いろいろ試してみることは大切なことですが、自社の本当のターゲットが定まっていないのであれば力が分散してしまいます。

商品、商圏、ターゲット層が定まった時点で、新しい営業ツールとして写真集兼エッセイ本の作成に取り掛かりました。

少ないOB顧客を訪問し、取材させてもらえるお宅を探します。OB顧客はS社に好意的ですので、ほとんどは応じてくれます。

普段の日常の生活を写真に撮り「こんな時はこんな使い方が便利ですよ」とか「こんな

失敗をしたのでご注意ください」とか「子供たちの成長に合わせて、こんなことを工夫してみました」とか、いわゆる生活の知恵といった文章を添えて写真集にします。

生活の知恵が詰まった写真集ですので、その辺の住宅情報誌と違って、いつまでも本棚に差しておいてもらえます。そして必要な時に見返してもらうことができます。

知恵が詰まった本というのは、ここがいいところです。単なる情報誌であれば読んだら終わり、ごみ箱行きです。

情報は古くなると利用価値はなくなりますが、知恵は古くなっても価値はなくなりません。普遍性があるからです。

例えば、新聞は今日の新聞を読みますよね。昨日の新聞を読む人はいないでしょう。新聞は読んだらリサイクルボックス行きです。

たまに古い新聞を懐かしんで読むことはありますが、それは情報を求めているのではなく、ノスタルジーに浸るために読むのです。

これは新聞が情報の塊だからです。

一方、知恵は普遍性がありますので、いつでも、古くなっても役に立ちます。その知恵が満載の写真集であれば、折に触れてページを開くでしょう。

「そういえば、あれはどうすれば良かったんだっけ？」などと言って、写真集を見返す日が必ず来ます。そのときに、S社の住宅の写真とエッセイが役に立つというわけです。また「こんな家に住んでみたいなあ～」などと、あこがれの存在にもなります。写真集を見返すほど、あこがれは強くなっていきます。

S社は知恵の本として、写真集兼エッセイを出版したことが成功へとつながりました。なぜなら、この写真集は一種のモデルハウスの役目をしたからです。いつでもどこでも見て楽しめる写真とエッセイのモデルハウスです。

以前S社が作っていた本物の豪華なモデルハウスよりも、ずっと安くて手軽で、しかもいつでもどこでも見られるモデルハウスです。

営業ツールの見直しは他にもあります。チラシやSNS、ホームページ、パンフレットは同じですが、OB顧客訪問で得た願望、悩み、不安を分析し、それを叶える方法、解決する方法などを自分たちの言葉で表現するようにしました。

それまでは、メディアに載せる文章を外注企業にお任せで依頼していたのですが、これを自分たちで考え、表現するようにしたのです。

そうすると文章に魂が宿ります。ありきたりの定型文ではないことが、読めばわかります。

これらが直接的に集客や受注に結び付くわけではありませんが、長い目で見れば効果は必ずあるということです。

自分たちが、お客様と直接お会いして得た、お客様の頭と心の中にある設計図。これを活かさない手はありません。S社住宅部門は営業ツールにもこれを活かしたのです。

2、今後、大きな飛躍が期待されるS社住宅部門

モデルハウスイベントに本物の見込み客を集客できた

当社ではコンサルティングの最中、もしくは終了後に、実際にショールームでイベントを開催してもらいます。これはコンサルティングの効果測定としての開催です。当然、当社はこのイベントに立ち会います。

S社はモデルハウスを1棟だけにした後にイベントを開催したのですが、見込み客が二組来場しました。たった二組です。しかし、です。アフター営業を実施した結果、この二組が契約をしてくれたというのです。

紹介ではなく、自分たちの力だけで最初の住宅二物件を受注したと聞いたときは、涙が出るほどうれしかったことを覚えています。

この受注によって、住宅部門だけでなくS社全社がお祝いムードに包まれました。いいことを言われなかった住宅部門の社員たちでしたが、土木建設部門の社員は彼らの一生懸命な姿を見るうちに、いつしか心の中で応援をしていたのです。

そしてその一年後には、紹介で年間1棟しか販売できなかった住宅部門は、何と10棟を販売するまでになりました。

まだまだ収益の柱となるような売り上げとはいきませんが、それでもS社の中で土木建設部門に依存せず、独立できる部門にまで成長しました。

S社社長からはお礼とともに「当社にとってコンサルティングは、年間で三億円の価値があることが分かりました」「これからもその価値は続いていくでしょうから、一体いくらの価値になるのでしょう」「恐ろしい金額になりますね」と、お話しいただきました。

当社が分析するに、S社住宅部門の成功要因は次のようなことが挙げられます。

1、モデルハウスを取り壊したことで、社長も社員も覚悟が決まったこと
2、提供すべき商品が決まり、迷いがなくなったこと
3、営業方法と営業ツールを一新し、その効果が出たこと
4、しくみを作ってモデルハウスを回せるようになったこと
5、地元地域に認められたこと

S社は地元で、丁寧できれいな仕事を心がけてきました。土木建設・住宅を通して、安心・安全・健康をお届けするという貢献を、地域社会に対して行ってきました。

S社の住宅部門は、それが地域社会に認められたのです。そして住宅部門の社員は、以前と打って変わって生き生きと働くようになりました。

それは、自分たちだけで見込み客をモデルハウスに集客し、自分たちが販売したい住宅を、自分たちだけで契約まで持ち込むことができたからです。

そして確固たるノウハウを身につけました。これらは小が大に打ち勝つための3大要素「しくみ」ができたことを意味します。

バーチャルで無限大にショールームを広げる

コロナの流行で、バーチャルショールームが脚光を浴びた時期がありました。しかし、コロナが収まってきた現在ではリアルのショールームが復権し、バーチャルは影を潜めています。

これはなぜでしょう。

答えは、ショールームと言えば、やはりリアルの「ハコ」「モノ」のイメージがあるからです。またリアルならではのメリットがたくさんあるからです。

本書でこれまでに散々お話ししてきましたが、中小企業がショールームを新たに作るとしても「ハコ」「モノ」では限界があります。いくら資金力豊富だと言っても、大企業のようなショールームを作ることはできませんし、その必要もありません。

そして残念ながら広がりがありません。

ではどうすれば良いか、ということになります。そのときにバーチャルショールームを思い出してほしいのです。

バーチャルは「コロナだから…」ではもったいないです。コロナが収まってきた今だからこそチャンスなのです。

多くの人がリアルに目を向け始めた今、中小企業はバーチャルを考えるべきです。バーチャルならショールームは無限大に広がります。

ただし二つ注意点があります。

一つは、バーチャルだけでショールームを運営することはかなり困難ですし、失敗する確率が高いということです。

これはバーチャルショールームが、一時の勢いを失っていることで証明できます。リアルとバーチャルを別々に考えて運用しては、うまく行かないという証明です。

要するに、**バーチャルはリアルと融合させることで威力を発揮できる**ということです。リアルあってのバーチャルです。

二つ目は、第5章の無人ショールームの項でもお話ししましたが、やはりお客様の視点が必要だということです。バーチャルならコストがかからないなどという発想では、結局は、お客様不在の後ろ向きの発想であり、すぐに見透かされてしまいます。

ここを間違えると、バーチャルはバーチャルのままで終わってしまい、何の役にも立たないツールと化します。

S社住宅部門はバーチャルショールームに着目しました。それは次の一手を考えている証拠です。

有効な手段として完成見学会という手法はあるものの、もっと広がりを持たせられないかという発想から来ています。そしてショールームの概念を変えようとしているのです。まだ発想の段階ですので、今後どのような展開になるかは分かりません。

しかし、厄介者だった住宅部門は、土木建設部門に頼らず一人で歩いていくことができるまでになりました。そして、住宅部門の社員が自分たちで次の一手を考え、実行しようとしています。その姿を見ると純粋に応援したくなります。

今後もS社は発展していくでしょう。躍進するでしょう。

そして、地域社会に貢献をしていくでしょう。地域に貢献することにより、それが結果的に売上・利益に変換されることを知っているからです。地域貢献や社会貢献をしても、その場では売り上げにも利益にもなりにくいですが、長い目で見れば必ず自社に返ってきます。

近年の販売戦略、経営戦略においては、地域貢献、社会貢献なしには考えられません。それは大企業だけの話ではなく、我々、中小企業にも課せられた課題なのです。これにより、売上・利益最大化が実現できるのです。

ただ単に売れればいい、儲かればいいというような企業は淘汰されていくでしょう。

今の日本社会で、そのような甘い考えでビジネスを行っていくことは不可能です。

「自分さえ儲かればいい」。このような考え方をする企業は、即、市場から退場です。

もちろん競争は必要です。競争するから良い製品、良いサービスが生まれるのです。

お互いに切磋琢磨して、良い製品・サービスを作り、世の中に貢献していくことは企業存続の第一条件ではないでしょうか。


いかがだったでしょうか。本書は、小さいながらもショールームを作って儲ける戦略を記した専門書です。皆さんのビジネスに、十分に参考になるものと自負しています。

仮に、みなさんの会社に資金力の問題があったとしても、ご安心ください。

商談型ショールーム営業法は、ショールームだけで集客・契約するものではありません。

本物の見込み客をショールームへ集客し、商談、契約に至るまでの導線とプロセスが重要です。ここのところは、本書をお読みになって、ご理解いただけたものと推察します。

そして、みなさんの会社もS社のように飛躍していただくことを願っています。

それには、足を一歩前に出してチャレンジしてください。

それが成功への第一歩です。

あとがきに代えて

ここ数年、新型コロナウィルスの流行により、ショールームを取り巻く環境はずいぶんと変化しました。ショールームだけではなく、社会全体が変化したと言っても過言ではないでしょう。

テレワークやオンライン会議は当たり前になりましたし、我々のコンサルティング業界もオンラインセミナーを開催する機会が増えました。

他には、もうすでに死語になっていますが、オンライン飲み会なるものも一時的に流行りました。今から考えると全くばかばかしい話ですが、当時は真剣に考えていました。

このように、人と人が接触しないことが重要であり、仮に接触する場合はマスク、手洗い、消毒は欠かせなくなりました。

最近ではマスクも消毒もかなり緩くなりましたが、かつては一日に何度、アルコール消毒をすれば気が済むのか、この状況が一体いつまで続くのか、といったことも考えていました。

要するに、人と人が直接会わなくても問題のない場合は、オンラインで済ませるという習慣ができたのです。そして人と人が直接会う場合は、徹底的に感染対策を講じるという習慣です。たいへん衛生的かつ合理的だと思います。

オンラインはデジタル化がなせる業であり、近年、デジタル化が進展してきたところにコロナが流行しましたので、そういう意味では非常にタイミングが良かったと言えます。

このような外部環境の変化の中、ショールームはどのように変わってきたのでしょう。

無人ショールーム、バーチャルショールームといった形態が増えてきました。

またリアルのショールームであっても、完全予約制にしたり入館制限をしたりと、密にならないように工夫をしてきました。

特に、来館を完全予約制にしたことと入館制限したことは画期的です。

何が画期的かというと、これにより「違う人」は来館しづらくなったことです。言い替えれば「本物の見込み客」しか来館しなくなったと言えます。

これは、ショールームが密にならないようにするためには、どうするべきかという発想から生まれた、いわば苦肉の策でした。

完全予約制という方法は、コロナ以前からもありました。

普段の来館者が少なく、ショールームアドバイザーも専任ではないため「予約してから来てください」という、ショールーム活用という観点から見れば完全に後ろ向きの方法でした。

本物の見込み客を集客するという点では、どちらも結果オーライと言えますが、今後はもっと積極的な意味でショールームを活用すべきと考えています。

というのも、予約制や入館制限が市民権を得た今こそ、これまでとは違って、本物の見込み客を集客するというやり方に変えていきたいのです。この機を逃すと、また元に戻ってしまいます。

コロナの流行で、完全予約制や入館制限が普通に通用することとなりましたので、これを逆手に取ろうという発想です。

そのためには、当社が主張する営業戦略が不可欠です。この戦略を理解せずに完全予約制や入館制限を実施してしまうと業績に悪影響を及ぼします。

かといって、昭和時代の高度経済成長期や、昭和から平成時代のバブル経済期のやり方に戻るわけにはいきません。もうそんなやり方は古いです。令和の時代には合いません。

みなさん、もういい加減に目を覚ましましょう。

「間違っていることは間違っている」

当社は常に、このように申し上げています。

皆さんは、うすうす気が付いているはずです。気が付いてはいますが、声に出して言えないだけです。

「もうこんなやり方はやめよう」

勇気を出して、声に出して言ってみませんか？

コロナとデジタル化が世の中を変えました。そしてショールームを取り巻く環境も変えました。

リアルのショールームだけでなく、無人もバーチャルもいいでしょう。

ただし、忘れてはいけないことがあります。それら運営形態は、自社都合による選択ではなく、お客様の視点によって選択されるべきだということです。

加えて、データや論理の共有であればオンラインが便利ですが、驚きと感動を共有する場合はリアルなコミュニケーションが不可欠です。

すなわち無人もバーチャルも、先ずはリアルで運営できていることが重要であり、条件だということです。

コロナの影響が残り、デジタル化が進展すれば、ますます人と人が接触する機会は失われていくでしょう。

しかし、そうであるからこそ人と人が接触する機会を得た場合は、その時間をお互いに大切にするでしょう。そのときに商談型ショールーム営業法がお役に立ちます。

リアルのショールームは売り手と買い手が、驚きと感動を共有するためのコミュニティーなのです。

本物の見込み客だけが集まり、真剣な商談ができるショールーム。売り手も買い手もパートナーも幸せになれるショールーム。そんなショールームを目指してみませんか。

まだ書き足りない部分はありますが、紙面の都合上、この辺でペンを置きます。

そして、この書籍を読んでいただいた皆様に感謝申し上げます。

どうかこの書籍を参考にしていただき、独自性のある、また専門性のある製品やサービスで、自社に最適なショールームを活用して儲けていただきたいと思います。

「この世の中からもったいないショールームをなくしたい」

この一心で本書を書き上げました。

本書が、皆様のショールーム運営および経営の参考になれば、この上ない幸せです。

2023年11月吉日

株式会社バファローコンサルティング　細井 透

著者　**細井透**（ほそい とおる）

異色のショールーム革新経営コンサルタント。

大きな資金を必要とせず、自社に最適な商談型ショールームを作って売上・利益を最大化させる専門家。

ショールームにかかわって40年。数々の実務経験と独自の理論で、小さなショールームでも「爆発的営業力」を獲得するためのしくみづくりを各企業に導入。導入した企業は、中小企業を中心に100社以上に上る。

また様々なステージにある企業や瀕死に陥った組織を直接指導し、大きく飛躍させることに成功。一年で三億円の売り上げ増を達成したハウスメーカーも出現。

各界の販売伸び悩みの経営者から、救世主的なコンサルタントとして絶大な信頼を得る存在である。

「この世の中から、もったいないショールームをなくしたい」という強い信念のもと、株式会社バファローコンサルティングを設立。現在、同社代表取締役。

1961年愛知県生まれ、中京大学経済学部卒業。

小社 エベレスト出版について

「一冊の本から、世の中を変える」―― 当社は、鋭く専門性に富んだビジネス書を、世に発信するために設立されました。当社が発行する書籍は、非常に粗削りかもしれません。熟成度や完成度で言えばまだまだ低いかもしれません。しかし、

・リーダー層に対して「強いメッセージ性」があるもの
・著者の独自性、著者自身が生み出した特徴があること
・世の中を良く変える、考えや発想、アイデアがあること

を基本方針として掲げて、そこにこだわった出版を目指します。

　あくまでも、リーダー層、経営者層にとって響く一冊。その一冊から経営が変わるかもしれない一冊。著者とリーダー層の新しい結び付きのきっかけのために、当社は全力で書籍の発行をいたします。

中小企業のための2坪からでもできる「商談型ショールーム」で爆発的に営業力を上げる法

定価：本体3，080円（10％税込）

2023年11月17日　初版印刷
2023年12月11日　初版発行

著　者　細井透（ほそいとおる）
発行人　神野啓子
発行所　株式会社　エベレスト出版
〒101-0052
東京都千代田区神田小川町1-8-3-3F
TEL　03-5771-8285
FAX　03-6869-9575
http://www.ebpc.jp

発　売　株式会社　星雲社（共同出版社・流通責任出版社）
〒112-0005
東京都文京区水道1-3-30
TEL　03-3868-3275

印　刷　株式会社 精興社　　装　丁　MIKAN-DESIGN
製　本　株式会社 精興社　　本　文　北越紀州製紙

©Toru Hosoi 2023 Printed in Japan ISBN 978-4-434-32858-9

乱丁・落丁本の場合は発行所あてご連絡ください。送料弊社負担にてお取替え致します。

本書の全部または一部の無断転載、ダイジェスト化等を禁じます。